作者简介

于　畅　北京林业大学经济管理学院讲师。2014年于荷兰代尔夫特理工大学技术政策管理学院获得博士学位，并获得国家优秀自费留学生奖学金。主要研究方向包括产业共生、循环经济、环境政策、生态效率等。出版英文专著一部，并在《Journal of Cleaner Production》《Journal of Industrial Ecology》等高水平环境管理领域的期刊发表论文十余篇。主持并参加北京市社科基金、国家林业局委托项目等多个研究课题。

程宝栋　北京林业大学经济管理学院副院长、教授、博士生导师，首届全国林业教学名师，北京林业大学林产品贸易研究中心执行主任，兼任中国林业经济学会林产品贸易专业委员会秘书长、全国农林院校林产品贸易教学与科研协作组秘书长、国家林业局林产品国际贸易研究中心对外投资研究室主任、中国林业产业联合会林浆纸分会副秘书长、国际林联第五学部（林产品学部）林产品认证与服务工作组副组长、北京林业大学"一带一路"与林业发展研究中心执行主任等职务。主要研究领域为林产品市场与贸易、林业对外投资。主持国家自然科学基金、教育部人文社会科学项目、北京市优秀人才计划支持项目等研究课题十余项。出版学术专著十部。发表学术论文一百余篇。

周泽峰　国家林业局林改司产业处处长。博士研究生学历，高级工程师。参加国家林业局组织的"中国森林资源核算及纳入GDP研究"等多项重大课题。在《林业经济》等国家核心期刊发表论文五篇。出版专著《中国林产品出口退税及其影响研究》。

本书出版得到国家林业局委托项目"基于环境约束下的中国林业产业转型升级研究"资金资助

中国林业产业生态转型研究

于　畅　程宝栋　周泽峰 ◎ 著

人民日报出版社

人民日报学术文库

图书在版编目（CIP）数据

中国林业产业生态转型研究／于畅，程宝栋，周泽峰著.
—北京：人民日报出版社，2017.7
ISBN 978-7-5115-4839-9

Ⅰ.①中… Ⅱ.①于…②程…③周… Ⅲ.①林业经济—
产业发展—研究—中国 Ⅳ.①F326.23

中国版本图书馆 CIP 数据核字（2017）第 186241 号

书　　　名：中国林业产业生态转型研究
著　　　者：于　畅　程宝栋　周泽峰

出 版 人：董　伟
责任编辑：万方正
封面设计：中联学林

出版发行：人民日报出版社
社　　　址：北京金台西路 2 号
邮政编码：100733
发行热线：（010）65369527　65369846　65369509　65369510
邮购热线：（010）65369530　65363527
编辑热线：（010）65369533
网　　　址：www. peopledailypress. com
经　　　销：新华书店
印　　　刷：三河市华东印刷有限公司

开　　　本：710mm×1000mm　1/16
字　　　数：220 千字
印　　　张：11.5
印　　　次：2017 年 9 月第 1 版　　2017 年 9 月第 1 次印刷

书　　　号：ISBN 978-7-5115-4839-9
定　　　价：68.00 元

目 录
CONTENTS

1 序言 ·· 1

 1.1 绿色经济成为国家发展的战略目标与方向 ················ 1

 1.2 中国林业产业总体情况 ································· 3

 1.3 中国林业产业"十二五"发展情况总体分析 ············· 7

  1.3.1 产业规模与产业结构 ·························· 7

  1.3.2 主要产品产量 ······························· 8

  1.3.3 主要省份林业产业发展情况 ················· 14

  1.3.4 各省林业产业总产值分析 ··················· 17

 1.4 中国林业产业转型升级的必要性 ················· 19

2 产业生态学概述 ·································· 23

 2.1 产业生态学的产生背景 ·························· 23

 2.2 产业生态学的发展历程 ·························· 31

 2.3 产业生态学的内涵与概念 ······················· 35

 2.4 产业生态学的研究内容 ························· 36

 2.5 产业生态学的特点 ····························· 40

 2.6 产业生态学的研究意义 ························· 42

 2.7 产业生态学的发展趋势 ························· 43

3 理论与方法研究 ································· 46

 3.1 循环经济理论 ································· 46

3.2 产业共生理论 ………………………………………… 49

3.2.1 产业集群 …………………………………………… 49

3.2.2 产业集群的形成机理 …………………………… 51

3.2.3 产业集群的生态化 ……………………………… 53

3.2.4 产业共生概述 …………………………………… 58

3.2.5 产业共生网络形成机制 ………………………… 60

3.2.6 产业共生案例 …………………………………… 64

3.3 生态效率 ………………………………………………… 75

3.3.1 生态效率的概念及特征 ………………………… 75

3.3.2 生态效率评价的指标体系 ……………………… 82

3.4 基于生态效率的数据包络模型 ……………………… 85

3.4.1 研究现状 …………………………………………… 85

3.4.2 基于非期望产出的 SBM 模型 ………………… 88

3.4.3 Malmquist – Luenberger 指数 ………………… 90

3.5 脱钩指数 ………………………………………………… 92

4 造纸产业 …………………………………………………… 96

4.1 造纸产业发展现状 …………………………………… 96

4.1.1 造纸产业的总体情况 …………………………… 96

4.1.2 纸及纸板的生产和消费 ………………………… 97

4.1.3 纸浆生产和消耗情况 …………………………… 97

4.1.4 纸制品生产企业经济类型与规模结构 ………… 99

4.2 造纸企业经营模式分析及企业竞争力比较 ……… 100

4.2.1 造纸企业经营模式 ……………………………… 100

4.2.2 重点造纸企业的绿色生产模式 ……………… 101

4.3 造纸产业环境政策研究 …………………………… 104

4.3.1 我国造纸产业的可持续发展研究现状 ……… 104

　　4.3.2 我国造纸企业清洁生产审核试点项目 ·············· 106

　　4.3.3 我国制浆造纸行业目前执行的清洁

　　　　　生产技术标准及评价指标体系 ·············· 109

　4.4 基于省级面板数据的造纸产业生态效率实证研究 ······ 111

　　4.4.1 研究背景 ································· 111

　　4.4.2 研究方法和数据收集 ···················· 113

　　4.4.3 模型计算的结果 ······················· 115

5 木材加工及木竹藤棕草制品产业 ················· 127

　5.1 木材加工及木竹藤棕草制品产业发展概况 ·········· 127

　5.2 木材加工及木竹藤棕草制品产业生态效率与脱钩指数评价 ····· 131

　5.3 人造板产业转型升级的机遇与挑战 ··············· 134

　　5.3.1 人造板产业总体情况 ···················· 134

　　5.3.2 人造板的市场需求情况 ·················· 137

　　5.3.3 人造板产业发展的热点问题 ·············· 138

6 资源环境约束下林业产业转型升级路径 ············· 143

　6.1 造纸产业生态化转型的实现路径 ················ 143

　　6.1.1 以循环经济为导向的造纸产业绿色转型 ······· 143

　　6.1.2 推动林纸一体化发展模式 ·············· 144

　　6.1.3 促进造纸产业实现生态产业集群 ·········· 148

　6.2 木材加工及木竹藤棕草制品产业转型升级的实现路径 ······ 151

　　6.2.1 加快人工林资源建设,扩大原料来源渠道 ······ 151

　　6.2.2 提高环保标准,加快提升创新水平 ·········· 153

　　6.2.3 加快产品结构调整和企业转型升级 ·········· 153

参考文献 ································· 156

1 序言

1.1 绿色经济成为国家发展的战略目标与方向

我国已将生态文明建设提高到前所未有的高度，党的十八大报告明确指出，生态文明建设是关系国家发展的长远大计，党的十八届五中全会将生态文明写进五年规划的任务目标，并提出要坚持绿色发展，坚持节约资源和保护环境的基本国策，加快建设资源节约型、环境友好型社会，推进美丽中国建设，为全球生态安全做出新贡献。中共中央、国务院出台了《关于加快推进生态文明建设的意见》，指出加快推进生态文明建设是加快转变经济发展方式、提高发展质量和效益的内在要求，是坚持以人为本、促进社会和谐的必然选择，是全面建成小康社会、实现中华民族伟大复兴的中国梦的时代抉择，是积极应对气候变化、维护全球生态安全的重大举措。

资源环境问题已成为经济社会可持续发展最大的约束、实现全面建成小康社会的"最短的短板"，必须通过最严格的制度、最严密的法治为生态文明建设提供保障，将各类开发活动限制在资源环境可承载能力之内。习近平总书记提出的"两座山理论"——"我们既要绿水青山，也要金山银山。宁要绿水青山，不要金山银山，而且绿水青山就是金山银山"——强调了不能以牺牲生态环境为代价来换取经济的一时发展，要正确处理好经济发展与生态环境保护的关系，牢固树立保护生态环境就是保护生产力、改善生态环境就是发展生产力的理念，更加自觉地推动绿色发展、循环发展、低碳发展。当前，我国经济进入新常态，经济增速放缓，而这恰好为各产业进行结构调整和产业升级提供了机遇。在十二届全国人大四次会议的《政府工作报告》中，李克强总理指出，将推动形成绿色生产生活方式，加快改善生态环境，坚持在发展中保护、在保护中发展，持续推进生态文明建设，推进绿色发展取得新突破。这些都表明，绿色发展已经成为新时期国家发展的战略目标与方向，是生态文明建设的实施途径。

自 2015 年以来，中共中央、国务院先后出台了《国有林场改革方案》《国有林区改革指导意见》等政策文件，明确指出，保护森林和生态是建设生态文明的根基，深化生态文明体制改革，健全森林与生态保护制度是首要任务。要推动林业发展模式由木材生产为主转变为以生态修复和建设为主、由利用森林获取经济利益为主转变为保护森林提供生态服务为主，建立有利于保护和发展森林资源、有利于改善生态和民生、有利于增强林业发展活力的国有林场新体制，为维护国家生态安全、保护生物多样性、建设生态文明做出更大贡献。据此，制订了天然林全面停止商业性采伐方案。全面停止天然林商业性采伐将分三步实施：2015 年全面停止内蒙古、吉林等重点国有林区商业性采伐；2016年全面停止非天保工程区国有林场天然林商业性采伐；2017 年实现全面停止全国天然林商业性采伐。长期以来，国有林区多以木材经营为主，是我国木材及林产品的主要产区。全面停止天然林商业性采伐文件出台后，受天然林禁伐、限伐政策影响，商品木材的产量必将大幅减少，木材需求缺口将进一步扩大，木材供需的结构性矛盾必然会加剧。

我国的林业产业在国民经济中占有重要位置，目前正处于快速发展的朝阳阶段，其发展导向必然要符合绿色发展的国家战略。林业产业是以森林资源为基础的资源依赖型产业，目前的生产方式还较为粗放，绿色技术应用程度较低。同时，在经济新常态下，劳动力、土地、环境资源的成本正逐步提高。我国经济的发展速度将从高速增长转为中高速增长，经济结构将不断优化升级，同时要从要素驱动、投资驱动转向创新驱动，林业产业面临着转变增长方式、调整产业结构的压力。循环经济是绿色发展战略的实践，是建设资源节约型、环境友好型社会的重要途径。循环经济是以资源的高效利用与循环利用为核心，以"减量化、再利用、再循环"为原则，以低消耗、高效率、低排放为表现形式。从循环经济的角度促进林业产业转型升级，发展环境友好型林业，可以实现林业生产、流通、消费全过程的资源优化，构建科技含量高、涉林资源消耗低、环境污染少的林业产业结构和生产方式，实现林业经营活动的生态化，加快推动绿色林业生产体系的形成。因此，从循环经济的视角来推动我国林业产业转型升级符合国家新时期的发展方向，有重要的研究意义。

1.2　中国林业产业总体情况

改革开放以来，受惠于国际分工和要素禀赋所带来的优惠，我国的林业产业在这种国际环境中获得发展机遇。目前，我国林业产业总体发展迅速，并已经渗透到国民经济三大产业当中，在三产的各个门类均能发现林业产业的身影。作为一种劳动密集型和资源密集型的产业，我国林业产业发挥其在第一、第二产业中的重要作用的同时，也在第三产业中起到越来越重要的作用，在总体国民经济中起到的作用也不容忽视。同样，在学术研究领域，近年来学者们除了研究传统宏观国际经济和微观企业经营外，越来越多的人们正在关注介于两者之间的产业经济学领域，尤其是当前中国正大力推动绿色经济，这也使得资源环境约束下的林业产业的发展受到越来越多的关注。

从林业产业总产值方面分析，根据林业统计年鉴的数据可知，我国林业产业总值从2000年的3555亿元人民币增长至2015年的59362亿元人民币（如图1-1所示），平均年增长率达到20%，增长最快年份为2011年，年平均增长率达到33%，最低增长率出现在2015年，为9%（如图1-2所示），数据上看行业发展较迅速。具体分析，近15年来的林业产业发展可以分为三个阶段，第一个阶段是从2000年至2007年，这七年间林业产业总值增长率一直在不断增加，并在2007年增长率达到最高值。原因在于：这些年份我国的劳动要素十分充裕且价格低廉，林业产业的国际分工比较明确，在整体经济向好的大背景下林业产业也获得了较大的发展机遇。第二阶段是2008年至2010年，虽然我国林业产业总值依然增加，但其增长率却是在逐年下降，主要原因是受到美国金融危机的影响，世界整体经济疲软，特别是发达国家的经济下滑，我国林业产业，尤其是林产品贸易，由于其贸易模式是以加工贸易为主，木家具、人造板、造纸等行业在金融危机中受到了一定的冲击。第三个阶段是2011年至今呈现出波动的增长趋势，从好的方面看，我国逐渐走出2008年金融危机，各行业都在一定程度上开始复苏；从不利的方面分析，一方面我国传统的资源及劳动要素正在逐渐减少，林业产业被迫面临转型，另一方面受到环境、贸易壁垒、新产品的冲击，林业产业自身发展也面对一系列挑战。

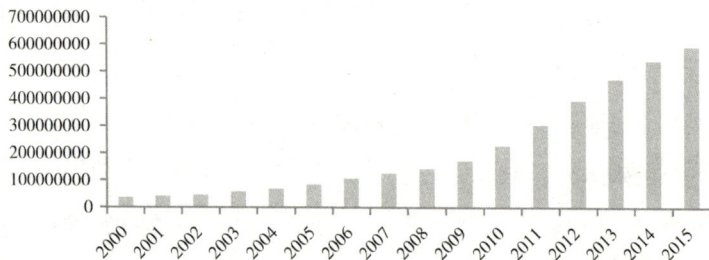

图1-1　2000—2015年我国林业产业总产值（单位：万元）

数据来源：《中国林业统计年鉴（2015）》

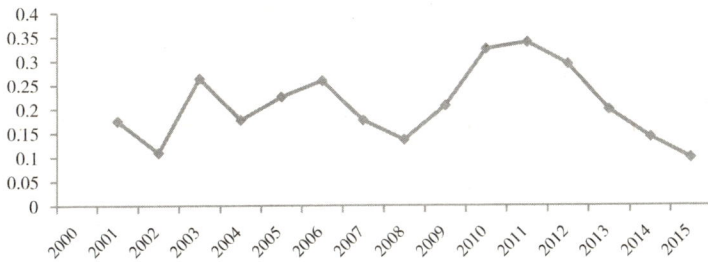

图 1 – 2 我国林业产业总产值增长率情况

根据《林业统计年鉴》的划分，可以将林业产业按具体行业和经济活动划分到三个产业中去。由于统计年鉴前后的统计口径不完全一致，我们采用 2015 版林业统计年鉴的分类方式，林业在第一产业中主要包括林木的培育、木材的砍伐运输、经济林的种植采伐以及畜牧业的使用。根据 Lall（2000）使用 SITC 编码所提出的产业附加值的划分方法，这些行业全部属于资源型产品中的农业及其加工品。这类产品的特点是缺乏技术复杂度，主要依靠劳动及资源获得利润，不存在进入壁垒和学习效用，属于一个国家最原始的行业，也是属于一个国家在发展中最有可能被淘汰的行业。这类行业发展出现瓶颈的主要原因在于对于资源开发的限制以及劳动力成本的上升。林业在第二产业中主要包括木材的加工，如家具、人造板、木地板、造纸以及林产化工等。根据 Lall 的划分，这些行业属于低技术产品和中技术产品，这类行业的特征是进入壁垒较低，易于学习和掌握，可以形成规模经济，存在技术创新与产业转型的可能，虽然其技术复杂度不高，但存在通过科技创新形成行业壁垒的可能，一旦转型成功将为这一产业创造新的经济发展增长点，若无法成功转型则面临行业整体转移到要素更加密集的地区中去。结合我国目前情况分析，这类行业主要的利润来自于廉价的熟练劳动力以及以破坏环境为代价的粗放式增长，随着国家对于环境要求的进一步严格，这类行业面临较大的转型压力。林业在第三产业中主要包括林业服务及林业管理的价值，如生态旅游、绿色咨询等，这里产业属于林业产业服务，其产业附加值较高，包含较高的技术、资本附加值，是林业产业在转型的过程中需要大力发展和推动的。

　　从林业三类产业的比重（如图 1-3 所示）可以看出，三类产业总体发展迅速，林业第一产业总值从 2000 年的 2389 亿元增长到 2015 年的 20207 亿元人民币，林业第二产业总值从 2000 年的 1034 亿元增长到 2015 年的 29893 亿元人民币，林业第三产业总值从 2000 年的 131 亿元增长到 2015 年的 9262 亿人民币。2014 年，林业第一产业平均占我国第一产业总值的 31.8%，林业第二产业平均占我国总体第二产业的 10.3%，林业第三产业平均占我国总体第三产业的 2.4%。2015 年，林业第一产业平均占我国第一产业总值的 33.2%，林业第二产业平均占我国总体第二产业的 10.6%，林业第三产业平均占我国总体第三产业的 2.7%。从占比分析，我国林业产业占第一产业比重最高，第三产业最低，三产占总体比重均高于 2014 年，且第一产业占比增速最快。从林业产业本身情况分析，林业第二产业总产值在 2006 年就已经超过第一产业成为支柱产业，这也符合我国经济发展的总体趋势。从林业产业的增长率角度分析，林业三个产业增长率分别为 15%、27% 及 34%，可以看出虽然目前第三产业的林业总产值仍然较小，但其增长速度十分迅速，特别是在 2012 年达到了 60% 的增速。从具体的产业内容分析，2014 年，在林业第一产业中占比最高的产业是经济林的种植，占林业第一产业的 55%，第二产业中主要的行业为木材加工、木家具以及造纸业，分别占林业第二产业比为 39%、21% 和 17%。第三产业中占比最高的是林业旅游及服务，占林业第三产业总值的 71%。2015 年占比最高产品不变，第一产业中经济种植林占比 57%，第二产业的木材加工、木家具、造纸业分别占比 31%、17%、18%。第三产业的林业旅游及服务占比 79%。从三产的增长情况分析，我国林业产业正从第一、第二产业向第三产业转型，从资源型产业向技术服务型产业改变，传统低技术的林业产业正在被淘汰，而新兴的技术产品及林业产业服务则成为未来发展的趋势。

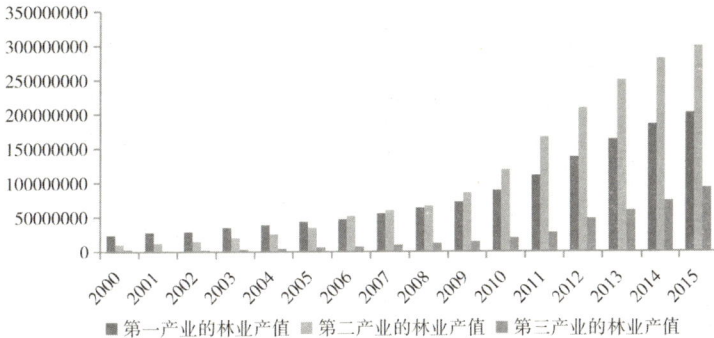

图1-3 第一产业、第二产业、第三产业中的林业总值（单位：万元）

数据来源：《中国林业统计年鉴（2015）》

1.3 中国林业产业"十二五"发展情况总体分析

2011—2015年，国家实施"十二五"发展规划。在此期间，我国林业产业在经济新常态的大背景下，积极应对国际经济缓慢发展给产品出口带来的不利影响，采取有效的政策措施，做好产业转型升级和结构调整工作，使林业产业发展继续保持了较为强劲的发展势头。

1.3.1 产业规模与产业结构

根据国家林业局统计，反映林业产业发展规模的全国林业产业总产值从2011年的30597亿元，扩大到2012年的39451亿元、2013年的47315亿元（突破4万亿元）和2014年的54033亿元（突破5万亿元），2015年（"十二五"期末）竟达到59363亿元，比2014年增长

9.86%，比 2010 年（"十一五"期末）的 22779 亿元增长 1.61 倍，5年中平均每年增长 21.1%。这个数字，虽然比前 4 年平均每年增长 24.1% 有所减少，但仍然保持在 20% 以上，表明林业产业的发展势头仍然是比较强劲的。

从产业结构来看，2015 年全国林业第一、二、三产业产值分别完成 20207 亿元、29893 亿元和 9262 亿元，比 2014 年的 18559 亿元、28088 亿元和 7385 亿元分别增长 8.88%、6.43% 和 25.41%（第三产业增幅最大）；比 2010 年的 8895 亿元、11877 亿元和 2007 亿元分别增长 1.27 倍、1.52 倍和 3.62 倍。5 年中，林业第一、二、三产业产值平均每年分别增长 17.9%、20.3% 和 35.8%（第三产业平均每年增幅最大）。

林业第一、二、三产业产值占全部林业产业总产值的比重，从 2010 年的 39.05%、52.14% 和 8.81% 调整到 2015 年的 34.04%、50.36% 和 15.60%。数字表明，第一、二、三产业产值的比重在缩小，而第三产业产值比重在明显增大（2015 年林业第三产业产值比重比 2010 年增加 6.79 个百分点）。

1.3.2　主要产品产量

（1）木材。据统计，"十二五"前 4 年的全国木材产量：2011 年为 8145.92 万立方米，2012 年为 8174.87 万立方米，2013 年为 8438.50 万立方米，2014 年为 8233.30 万立方米。这 4 年，全国木材产量均在 8000 万立方米以上。而 2015 年的全国木材产量则为 7200.79 万立方米，比 2014 年下降 12.55%。其中，东北内蒙古国有林区木材产量减少 209 万立方米，原因是按照国家政策的要求，全面停止天然林商业性采伐所致。在 2015 年全国木材产量中，原木产量为 6528.43 万立方米，占全部木材产量的 90.67%（如表 1–1 所示）。

表1-1 2010—2015年全国木材及其中原木产量（单位：万立方米）

年度	全国木材产量	原木产量
2010	8089.62	7513.21
2011	8145.92	7449.64
2012	8174.87	7494.37
2013	8438.50	7836.89
2014	8233.30	7553.46
2015	7200.29	6528.43

数据来源：《中国林业产业重大问题调查研究报告（2015）》

（2）大径竹材。据统计，全国大径竹材产量2011年为153929万根，2012年为164412万根，2013年为187685万根，2014年突破20亿根，达到222440万根，2015年为235466万根，比2014年增长5.86%，比2010年的143008万根增长64.65%，5年中平均每年增长10.5%。

在2015年全国大径竹产量中，毛竹产量为136463万根（占大径竹产量的57.95%），比2014年增长4.3%，比2010年的93496万根增长45.96%，5年中平均每年增长7.9%（如表1-2所示）。

表1-2 2010—2015年全国大径竹及其中毛竹产量（单位：万根）

年度	全国大径竹产量	毛竹产量
2010	143008	93496
2011	153929	102578
2012	164412	111470
2013	187685	114558
2014	222440	130843
2015	235466	136463

数据来源：《中国林业产业重大问题调查研究报告（2015）》

（3）锯材。据统计，全国锯材产量2011年为4460.25万立方米，

2012 年为 5568. 19 万立方米（突破 5000 万立方米），2013 年为 6297. 60 万立方米（突破 6000 万立方米），2014 年为 6836. 98 万立方米，2015 年达到 7430. 38 万立方米（突破 7000 万立方米），比 2014 年增长 8. 68%，比 2010 年的 3722. 63 万立方米增长 14. 8%。

在 2015 年的全国锯材产量中，普通锯材产量为 7253. 76 万立方米（占全部锯材产量的 97. 62%），比 2014 年的 6590. 61 万立方米增长 10. 06%，比 2010 年的 3628. 68 万立方米增长 99. 9%，5 年中平均每年增长 14. 9%（如表 1 - 3 所示）。

表 1 - 3　2010—2015 年全国锯材及其中普通锯材产量（单位：万立方米）

年度	全国锯材产量	普通锯材产量
2010	3722. 63	3628. 68
2011	4460. 25	4377. 89
2012	5568. 19	5389. 03
2013	6297. 60	6044. 92
2014	6836. 98	6590. 61
2015	7430. 38	7253. 76

数据来源：《中国林业产业重大问题调查研究报告（2015）》

（4）人造板。据统计，全国人造板产量 2011 年为 20919. 29 万立方米，2012 年为 22335. 79 万立方米，2013 年为 25559. 91 万立方米，2014 年为 27371. 79 万立方米，2015 年则为 28679. 52 万立方米（这 5 年产量均保持在 2. 0 ~ 2. 9 亿立方米），比 2014 年增长 4. 78%，比 2010 年的 15360. 83 万立方米增长 86. 71%，5 年中平均每年增长 13. 3%。

在全国人造板产量中，"三板"（包括胶合板、纤维板和刨花板）产量 2011 年为 17991. 14 万立方米，2012 年为 19131. 07 万立方米，2013 年为 22012. 24 万立方米（突破 2 亿立方米），2014 年为 23520. 19 万立方米，2015 年则为 25194. 97 万立方米，比 2014 年增长 7. 12%，比

2010 年的 12758.40 万立方米增长 97.48%，5 年中平均每年增长 14.6%。

具体来说，这"三板"产量的完成情况是

胶合板产量，2011 年为 9869.63 万立方米，2012 年为 10981.17 万立方米（突破 1 亿立方米），2013 年为 13725.19 万立方米，2014 年为 14970.03 万立方米，2015 年则为 16541.25 万立方米，比 2014 年增长 10.50%，比 2010 年的 7139.66 万立方米增长 1.32 倍，5 年中平均增长 18.3%。

纤维板产量，2011 年为 5562.12 万立方米，2012 年为 5800.35 万立方米，2013 年为 6402.10 万立方米，2014 年为 6462.63 万立方米，2015 年则为 6618.53 万立方米，比 2014 年增长 2.41%，比 2010 年的 4354.54 万立方米增长 51.99%，5 年中平均每年增长 8.7%。

刨花板产量，2011 年为 2559.39 万立方米，2012 年为 2349.55 万立方米，2013 年为 1884.95 万立方米，2014 年为 2097.53 万立方米，2015 年则为 2030.19 万立方米，比 2014 年下降 2.75%，比 2010 年的 1264.20 万立方米增长 60.59%，5 年中平均每年增长 9.9%（见表 1-4）。

表 1-4　2010—2015 年全国人造板及其中"三板"产量（单位：万立方米）

年度	全国人造板产量	"三板"产量	胶合板	纤维板	刨花板
2010	15360.83	12758.40	7139.66	4354.54	1264.20
2011	20919.29	17991.14	9869.63	5562.12	2559.39
2012	22335.79	19131.07	10981.17	5800.35	2349.55
2013	25559.91	22012.24	13725.19	6402.10	1884.95
2014	27371.79	23520.19	14970.03	6462.63	2097.53
2015	28679.52	25194.97	16541.25	6618.53	2030.19

数据来源：《中国林业产业重大问题调查研究报告（2015）》

（5）木竹地板。据统计，全国木竹地板产量 2011 年为 62908.20 万平方米，2012 年为 60430.54 万平方米，2013 年为 68925.68 万平方米，2014 年为 76022.40 万平方米（突破 7 亿平方米），2015 年则为 77355.85 万平方米，比 2014 年增长 1.75%，比 2010 年的 47917.15 万平方米增长 61.44%，5 年中平均每年增长 10.1%。

在 2015 年全国木竹地板产量中，实木地板为 12979.36 万平方米，比 2014 年的 14961.00 万平方米下降 13.24%，比 2010 年的 11176.07 万平方米增长 16.14%，5 年中平均每年增长 3.1%（见表 1-5）。

表 1-5　2010—2015 年全国木竹地板及其中实木地板产量（单位：万立方米）

年度	全国木竹地板产量	实木地板
2010	47917.15	11176.07
2011	62908.20	12232.13
2012	60430.54	12541.06
2013	68925.68	13139.70
2014	76022.40	14961.00
2015	77355.85	12979.36

数据来源：《中国林业产业重大问题调查研究报告（2015）》

（6）松香类产品。据统计，全国松香类产品产量 2011 年为 1413041 吨，2012 年为 1409995 吨，2013 年为 1642308 吨，2014 年为 1700727 吨，2015 年则为 1742521 吨，比 2014 年增长 2.46%，比 2010 年的 1332798 吨增长 30.74%，5 年中平均每年增长 5.5%。

在 2015 年全国松香类产品产量中，松香产量为 1531163 吨（占全部松香类产品产量的 87.87%），比 2014 年的 1497738 吨增长 2.33%，比 2010 年的 1205991 吨增长 26.96%，5 年中平均每年增长 4.9%（见表 1-6）。

表1-6 2010—2015年全国松香类产品及其中松香产量（单位：吨）

年度	松香类产品产量	松香产量
2010	1332798	1205991
2011	1413041	1253651
2012	1409995	1091832
2013	1642308	1424300
2014	1700727	1497738
2015	1742521	1531163

数据来源：《中国林业产业重大问题调查研究报告（2015）》

（7）经济林产品。据统计，全国经济林产品产量2011年为13380.09万吨，2012年为14349.31万吨，2013年为14833.74万吨，2014年为15843.53万吨，2015年则为17356.27万吨，比2014年增长9.55%，比2010年的12616.72万吨增长37.57%，5年中平均增长6.6%。

在2015年全国经济林产品产量中，森林食品产量为423.59万吨（首次突破400万吨，占全国经济林产品产量的2.44%），比2014年的339.66万吨增长24.71%，比2010年的255.94万吨增长65.50%，5年中平均每年增长10.6%（见表1-7）。

表1-7 2010—2015年全国经济林产品及其中森林食品产量（单位：万吨）

年度	全国经济林产品产量	森林食品产量
2010	12616.72	255.94
2011	13380.09	292.93
2012	14349.31	308.03
2013	14833.74	327.69
2014	15843.53	339.66
2015	17356.27	423.59

数据来源：《中国林业产业重大问题调查研究报告（2015）》

1.3.3　主要省份林业产业发展情况

林业产业总产值在 1000 亿元以上的省份的个数，"十一五"期末的 2010 年为 9 个，即广东（产值为 2802. 16 亿元）、山东（产值为 1820. 14 亿元）、浙江（产值为 1713. 77 亿元）、福建（产值为 1673. 15 亿元）、江苏（产值为 1559. 88 亿元）、广西（产值为 1276. 55 亿元）、四川（产值为 1156. 78 亿元）、湖南（产值为 1150. 32 亿元）和江西（产值为 1052. 97 亿元）。这 9 个省（自治区）的林业产业总产值为 14205. 72 亿元，占当年全国林业产业总产值的 62. 36%。

2011 年（"十二五"期初）发展到 12 个，即广东（产值为 3328. 10 亿元）、山东（产值为 2951. 49 亿元）、浙江（产值为 2791. 99 亿元）、福建（产值 2559. 40 亿元）、江苏（产值为 2291. 62 亿元）、广西（产值为 1672. 31 亿元）、湖南（产值为 1445. 69 亿元）、四川（产值 1444. 04 亿元）、江西（产值为 1317. 75 亿元）、辽宁（产值为 1238. 40 亿元）、安徽（产值为 1171. 82 亿元）和吉林（产值为 1026. 25 亿元）。这 12 个省（自治区）的林业产业总产值为 23238. 85 亿元，占当年全国林业产业总产值的 75. 95%。

2012 年发展到 16 个（占全国 32 个统计单位的 50%），即广东（产值为 4690. 92 亿元）、山东（产值为 4515. 22 亿元）、浙江（产值为 3156. 89 亿元）、江苏（产值为 3099. 36 亿元）、福建（产值为 3078. 03 亿元）、广西（产值为 2194. 19 亿元）、湖南（产值为 1883. 43 亿元）、四川（产值为 1745. 67 亿元）、江西（产值为 1628. 20 亿元）、安徽（产值为 1599. 78 亿元）、辽宁（产值为 1547. 56 亿元）、吉林（产值为 1150. 95 亿元）、湖北（产值为 1109. 59 亿元）、黑龙江（产值为 1093. 81 亿元）、河南（产值为 1088. 74 亿元）和河北（产值为 1058. 66 亿元）。这 16 个省（自治区）的林业产业总产值为 34641. 00 亿元，占当年全国林业产业总产值的 87. 81%。

2013 年发展到 17 个（又有云南加入进来），即广东（产值为 5595.39 亿元）、山东（产值为 5573.92 亿元）、福建（产值为 3609.53 亿元）、江苏（产值为 3608.60 亿元）、浙江（产值为 3379.29 亿元）、广西（产值为 3020.12 亿元）、湖南（产值为 2380.00 亿元）、安徽（产值为 2059.54 亿元）、四川（产值为 2030.22 亿元）、江西（产值为 2025.02 亿元）、辽宁（产值为 1737.58 亿元）、湖北（产值为 1431.5 亿元）、吉林（产值为 1359.00 亿元）、黑龙江（产值为 1281.38 亿元）、河南（产值为 1263.49 亿元）、河北（产值为 1230.50 亿元）和云南（产值为 1170.43 亿元）。这 17 个省（自治区）的林业产业总产值为 42747.52 亿元，占当年全国林业产业总产值的 90.35%。

2014 年没有新的省份加入，仍然是这 17 个省份保持领先，即广东（产值为 6500.34 亿元）、山东（产值为 6093.64 亿元）、福建（产值为 3971.31 亿元）、江苏（产值为 3897.66 亿元）、广西（产值为 3849.97 亿元）、浙江（产值为 3555.59 亿元）、湖南（产值为 2799.11 亿元）、江西（产值为 2654.49 亿元）、安徽（产值为 2510.82 亿元）、四川（产值为 2335.78 亿元）、辽宁（产值为 1833.92 亿元）、湖北（产值为 1412.71 亿元）、河南（产值为 1490.84 亿元）、吉林（产值为 1451.00 亿元）、河北（产值为 1412.71 亿元）、黑龙江（产值为 1381.12 亿元）和云南（产值为 1329.64 亿元）。这 17 个省（自治区）的林业产业总产值为 48805.03 亿元，占当年全国林业产业总产值的 90.33%。

2015 年又有陕西省加入进来，使林业产业总产值在 1000 亿元以上的省（自治区）达到 18 个。即广东（产值为 7150.27 亿元）、山东（产值为 6344.25 亿元）、广西（产值为 4309.90 亿元）、福建（产值为 4277.34 亿元）、江苏（产值为 4084.33 亿元）、浙江（产值为 3763.46 亿元）、湖南（产值为 3225.45 亿元）、江西（产值为 3063.03 亿元）、安徽（产值为 2831.84 亿元）、四川（产值为 2664.35 亿元）、湖北（产值为 2324.14 亿元）、辽宁（产值为 1664.59 亿元，比上一年略有减少）、河南（产值为 1658.19 亿元）、吉林（产值为 1550.06 亿元）、云南（产值为 1504.48 亿元）、河北（产值为 1474.56 亿元）、黑龙江（产值为 1438.50 亿元）和陕西（产值为 1014.40 亿元）。这 18 个省（自治区）的林业产业总产值为 54343.14 亿元，占 2015 年全国林业产业总产值的 9 成，达 91.54%（见表 1-8 和表 1-9）。

表 1-8 2010—2015 年林业产业总产值（按现价计算）
在 1000 亿元以上省份的产值及其比重

年度	全国林业产业总产值（亿元）	产值在 1000 亿元以上的省份	
		产值（亿元）	比重（%）
2010	22779.02	14205.72	62.36
2011	30596.73	23238.86	75.95
2012	39450.91	34641.00	87.81
2013	47315.43	42747.52	90.35
2014	54032.94	48805.03	90.33
2015	59362.71	54343.14	91.54

数据来源：《中国林业产业重大问题调查研究报告（2015）》

表 1-9 2010—2015 年林业产业总产值（按现价计算）
在 1000 亿元以上省份的产值（单位：亿元）

省份/年度	2010	2011	2012	2013	2014	2015
广东	2802.16	3328.10	4690.92	5595.39	6500.34	7150.27
山东	1820.14	2951.49	4515.22	5573.92	6093.64	6344.25
广西	1276.55	1672.31	2194.19	3020.12	3849.97	4309.90
福建	1673.15	2559.40	3078.03	3608.53	3971.31	4277.34
江苏	1559.88	2291.62	3099.36	3608.60	3897.66	4084.33
浙江	1713.77	2791.99	3156.89	3379.29	3555.59	3763.46
湖南	1150.32	1445.69	1883.43	2380.00	2799.11	3225.45
江西	1052.97	1317.75	1628.20	2025.02	2654.59	3063.03
安徽		1171.82	1599.78	2059.54	2510.82	2831.84

省份/年度	2010	2011	2012	2013	2014	2015
四川	1156.78	1444.04	1745.67	2030.23	2335.78	2664.35
湖北			1109.59	1431.51	1736.99	2324.14
辽宁		1238.40	1547.56	1737.58	1833.92	1664.59
河南			1088.74	1263.49	1490.84	1658.19
吉林		1026.25	1150.95	1350.99	1451.00	1550.06
云南				1170.43	1329.64	1504.48
河北			1058.66	1230.50	1412.71	1474.56
黑龙江			1093.81	1281.38	1381.12	1438.50
陕西						1014.40

数据来源:《中国林业产业重大问题调查研究报告(2015)》

1.3.4 各省林业产业总产值分析

各产业产值又有所扩大,产业结构在继续调整中。据统计,2015年全国林业产业总产值为 59362.71 亿元,比 2014 年的 54032.94 亿元增长 9.86%。其中林业产业总产值在 1000 亿元以上省份的产值规模为 54343.14 亿元,比 2014 年的 48805.03 亿元增长 11.35,高于全国 1.49 个百分比。具体到各省(自治区)的增长情况是,增长在 20% 以上的省有两个,即湖北(增长 33.80%)和陕西(增长 20.74%);增长在 15% 以上、20% 以下的省也有两个,即江西(增长 15.39%)和湖南(增长 15.23%);增长在 5% 以上、15% 以下的省(自治区)有 5 个,即四川(增长 14.07%)、云南(增长 10.00%)、福建(增长 7.71%)、吉林(增长 6.83%)和浙江(增长 5.85%);其余的 5 个省,江苏、河北、黑龙江和山东为增幅在 5% 以下的正增长,只有辽宁为负增长(见表 1-10)。

据统计,在 2015 年全国林业产业总产值完成数中,林业一产产值 20207.32 亿元、林业二产产值为 29893.34 亿元、林业三产产值为

9262.05 亿元，占全年全国林业产业总产值比重分别为 34.04%、50.36% 和 15.6%。

表 1-10　2015 年林业产业总产值在 1000 亿元以上省份的产值增长情况

省份	2015 年林业产业总产值（亿元）	2014 年林业产业总产值（亿元）	2015 年比 2014 年增长（%）
湖北	2324.14	1736.99	33.8
陕西	1014.40	840.16	20.74
江西	3063.03	2654.59	15.39
湖南	3225.45	2799.11	15.23
四川	2664.35	2335.78	14.07
云南	1504.48	1329.64	13.15
安徽	2831.84	2510.82	12.79
广西	4309.90	3849.97	11.95
河南	1658.19	1490.84	11.23
广东	7150.27	6500.34	10
福建	4277.34	3971.31	7.71
吉林	1550.06	1451.00	6.83
浙江	3763.46	3555.59	5.85
江苏	4084.33	3897.66	4.79
河北	1474.56	1412.71	4.38
黑龙江	1438.50	1381.12	4.16
山东	6344.25	6093.64	4.11
辽宁	1664.59	1833.92	-9.23

数据来源：《中国林业产业重大问题调查研究报告（2015）》

　　其中，林业产业总产值在 1000 亿元以上省份的林业一产产值为 17174.45 亿元、林业二产产值为 28783.19 亿元、林业三产产值为 8385.50 亿元，占林业产业总产值在 1000 亿元以上省份产值的比重分别为 31.60%、52.97% 和 15.43%。数字表明，产值在 1000 亿元以上省份的林业各产业产值比重，除了林业三产产值比重与全国基本持平外，林业二产产值比重比全国高出 2.61 个百分比，林业一产产值比重比全国减少 2.44 个百分点。这说明，产值在 1000 亿元以上省份的产业结构调整步伐比全国更要快些（见表 1－11）。

表 1－11　2015 年林业产业总产值在 1000 亿元以上省份的各产业产值比重与全国比较

各产业产值及比重	2015 年全国林业	林业产业总产值在 1000 亿元以上省份
一产产值（亿元）	20207.32	17174.45
二产产值（亿元）	29893.34	28783.19
三产产值（亿元）	9262.05	8385.50
一产产值比重（%）	34.04	31.60
二产产值比重（%）	50.36	52.97
三产产值比重（%）	15.60	15.43

数据来源：《中国林业产业重大问题调查研究报告（2015）》

1.4　中国林业产业转型升级的必要性

产业升级（industrial upgrading）的含义是指产业结构的调整和改善，以及产业素质、效率的提高，产业升级必须依靠技术进步。产业结构的改善表现为产业的协调发展和结构的提升；产业素质与效率的提高表现为生产要素的优化组合、技术水平和管理水平以及产品质量的提高。库兹涅茨对发达国家的产业发展进行统计，结果显示各产业的变动趋势为第一产业（农业部门）的份额显著下降，第二产业（工业部门）比重显著上升直至后来下降，第三产业（服务业部门）略有上升到后来加速上升，即强调产业内部结构的比例调整。此外，亦有学者提出，产业升级不仅包括内部结构变动，还指发生在某一部门（通常是工业部门）由低级向高级，由低劳动生产率到高劳动生产率，由低附加值向高新技术、高附加值，由劳动密集型向资本、技术密集型发展的变化过程（朱卫平、陈林，2011）。随着可持续发展理论的引入，产业升级的路径和目标也在不断地协调资源环境的约束。王齐提出产业升级应该包含四个含义：一是产业产品产量、质量的提高和性能、价值的增加过程；二是通过采用新工艺、新技术，生产过程少废料或无废料排放，不对生态环境造成破坏；三是产品既节约原料和能源，又符合环保要求，并且报废后易回收利用；四是资源综合利用率高，形成循环产业链（王齐，2005）。

　　针对林业产业升级，李元元提出林业产业升级包括林业产业的合理化和高度化。合理化指实现林业产业内部的第一、二、三产业比例的均衡，实现原料工业与加工工业的均衡，建立符合长期发展目标及需要的主导产业及带动其他产业的发展，加强产业内的关联度；高度化体现在由第一产业占优向第二、三产业占优的产业结构模式演变，劳动密集型向资金密集型发展，由原料初级产品向中间和最终产品过渡（李元元，2006）。对于林业产业发展而言，林业经济的发展是建立在生态环境基础上的，其生产活动不仅需要从环境中获取自然资源，而且在生产过程中一部分资源会变成废弃物返回到环境中。林业产业是以森林资源为基础的复合产业群体，兼有经济效益、生态效益和社会效益，既是资源限制性产业，又是资源可再生性产业。因此，林业产业升级需要体现资源利用和对生态环境的影响等问题。结合可持续发展理论，孙璐婧等认为，林业产业升级的衡量标准与其所在的系统环境的持久稳定发展紧密联系，把林业产业升级定义为从事林业产业的经济体通过增加投入的科技含量，提高资源利用率，保证环境的重建循环，实现可持续发展（孙璐婧等，2012）。

　　当前，我国林业产业主要集中于第一、第二产业，其中第一产业以初级木材采伐为主，第二产业主要以林产品加工制造为主。从资源环境的约束角度来看，林业产业目前面临着较大挑战，亟须进行产业调整和升级。

　　第一，天然林全面禁伐政策有助于保护我国林地资源，涵养水土保护环境，但同时也会使得我国原木供不应求，必须依赖进口原木。但原木存在其特殊性，作为一种资源产品，其对自然生态环境、气候变化等有着重要影响，过多采伐原木势必会对森林资源造成损失，进而导致采伐地生态环境恶化、森林生态系统破坏。因此，越来越多的森林资源丰富的国家开始倾向于保护森林，出台了一系列的原木限制出口政策和法律，我国原木进口国家相对较集中，造成进口原木的成本增加。同时，一些企业在森林认证方面的进展较慢，也可能会遭到 NGO 组织对非法采伐行为的质疑。

　　第二，我国林业的主要加工产品如造纸、人造板等都属于高能耗、高排放的行业。造纸产业是我国所有主要行业中水污染最为严重的行业之一，废水排放量占全国工业废水排放总量的 18% 以上，化学需氧量排放量占全国总排放量的 29%，给人们造成了"一个小造纸厂污染一条河"的印象。人造板工业中的纤维板在生产过程中产生大量废水，其中化学需氧量含量高达 20000mg/L。人造板中的胶合板使用的胶粘剂在制造过程中会产生高污染物甲醛、酚类等有机物。甲醛和酚类排放水体导致毒物性污染，人们长期饮用或接触受污染的水，可引起各种神经系统症状。废气中产生的污染物及粉尘，如果不加处理排放到空气中，对人的呼吸系统和神经系统均会造成危害，对人类及其他生物的生长造成影响。

　　第三，我国虽是林产品生产大国，但并未形成产业的规模经济，实际生产过程中存在很多小作坊型的企业，这类企业没有能力和技术对生产进行研发和创新，以破坏环境为代价的经营方式已经不适用于当今产业的发展。而且，这类企业也常常出现经营困难，财政赤字，停产整改的现象。因此，作为林业产业大国，我们需要在考虑资源环境因素的基础上，对现在的林业产业进行思考和改进，改变以破坏环境为代价的产业模式，为林业产业的发展寻找新的转型点。

2 产业生态学概述

2.1 产业生态学的产生背景

随着工业化进程的不断深入，工业活动极大地推动了世界经济的发展，为社会进步奠定了坚实的物质基础。由于传统的工业发展模式导致了资源浪费和严重的环境污染，正受到越来越多的质疑。作为一个生态系统，地球的自净能力是有限的，当人类对资源的需求和排放到环境中的废物达到一定程度时，资源和环境的矛盾就会激化。目前，资源短缺和环境恶化已经成为全球关注的焦点。在反思这一现象的时候，人们注意到，尽管自然界中每个生物种群的生长过程都有废物产生，但在各生物种群之间，这些废物却是被循环利用的，因而使自然界的资源和物种能够可持续发展。于是，人们意识到，应该按照自然界的生态模式来规划产业发展，这样才能从根本上解决资源和环境的矛盾。产业生态学就是在这种情形下逐渐产生和发展起来的。在处理资源和环境的问题上，控制环境污染的理论和方法经历了漫长的演变过程（如图 2 – 1 所示）。

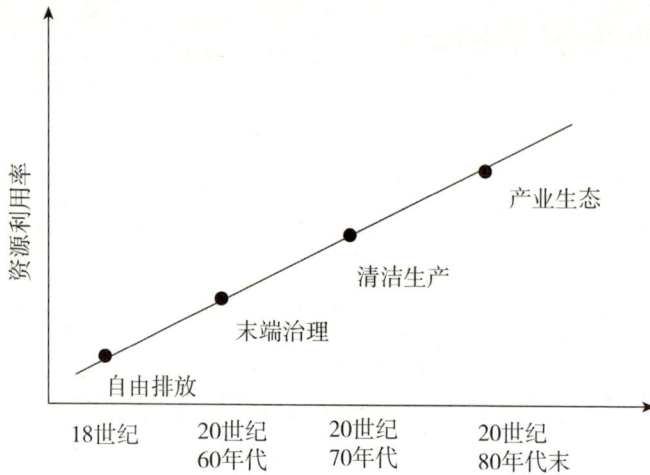

图2-1　污染控制方法的发展演变

18世纪，由于工业水平和人类活动很有限，环境问题不是十分突出，环境容量也比较大，污染物处于自由排放阶段。到了20世纪60年代，随着工业化进程的快速推进，人类活动对环境的扰动很强，环境质量急剧下降，环境开始影响人类，影响到人类的健康甚至生存，于是人们开始注意控制污染物排放及对已经造成的污染进行治理，从而进入了工业污染的末端治理阶段。到了20世纪70年代，随着对环境问题理解不断加深，人们认识到解决环境问题必须从源头和生产过程着手，于是提出了清洁生产的概念，即从清洁原材料和能源、清洁工艺、清洁产品等角度入手，将环境因素纳入设计和相关服务中，从而改变过去被动的、滞后的污染控制手段。到20世纪80年代末，受生态学理论的影响，人们又进一步认识到现代产业是交织发展的，可以将其看作一个人工产业系统。通过模仿自然生态系统，有望在这个人工系统中实现各种产业向生态化发展，使各种物质和能量获得高效的利用，浴室产业生态学思想就应运而生了。

表2-1从思考方法、应用层次、污染控制、资源利用和经济效益

等方面，对末端治理、清洁生产和产业生态之间的联系和区别进行了比较。

表2-1 末端治理、清洁生产和产业生态的比较

比较的内容	末端治理	清洁生产	产业生态
思考方法	污染物产生后再处理	污染物被消除在生产过程中	资源的高效和循环利用
产生时代	20世纪60年代	20世纪70年代	20世纪80年代末
应用层次	工业企业	工业企业	整个产业
控制过程	污染物达标排放控制	生产全过程控制	对物流、能流和信息流进行综合分析
控制效果	产污量会影响处理效果	比较稳定	稳定
产污量	间接地促进减少	明显减少	充分利用，很少
资源利用率	无显著变化	增加	很高
资源耗用	增加（治理污染消耗）	减少	最大程度减少
产品产量	无显著变化	增加	增加
经济效益	减少（用于治理污染）	增加	增加
治理污染费用	排放标准越严格，费用越高	减少	极大减少
污染转移	有	可能有	无

其中，末端治理和清洁生产在环境管理的发展中都起到了至关重要的作用。因此，我们对这两种环境管理模式也进行简要的介绍。

1. 末端治理阶段

第二次世界大战以后，尤其是20世纪60—70年代，世界经济迅猛发展，由于人类对工业化大生产的负面作用（环境污染）缺乏足够的认识，许多工业污染物任其自流，让自然界去稀释和降解这些污染物。工业界长期滥用污染物稀释排放政策，造成污染物排放量远远超过了自然界的环境容量和自净能力，从而导致地区性污染公害乃至全球性环境

污染问题，生态环境亦遭到严重破坏。在环境保护思想先驱们的影响下，人类开始了有意识的环境保护行为。但当时的人们普遍认为，环境保护中亟待解决的问题是"污染物产生之后如何消除以减少其危害"，即所谓环境保护的末端治理方式。于是，在舆论和法规的压力下，工业界不得不从"稀释排放"转向"治理污染"，即针对生产末端产生的污染物开发行之有效的治理技术，并通过一系列治理工程达到控制污染排放水平的目标，这种做法被成为"末端治理"。在这种模式下，企业事先并未采取任何污染预防措施，当其所造成的污染排放严重危害到员工、社区居民、城市以及更大范围的安全、健康时，迫于法律、法规的压力，企业采用化学的、物理的、生物的技术和方法对污染物进行稀释、转化、迁移等处理，使得企业造成的环境污染危害较小。

末端治理在人类环境保护的历程中发挥了不可忽视的作用，是人类环境保护战略演变历程中的重要阶段，也是环境管理发展过程中的一个重要时期，与污染物直接排放或稀释排放相比，末端治理是一大进步，它有利于消除污染事件，也在一定程度上减缓了生产活动对环境污染和破坏的趋势。但是，随着时间的推移、工业化进程的加速，末端治理的局限性也日益显露。实践发现，这种仅着眼于控制排污口的末端治理手段，使排放的污染物通过治理实现了达标排放的目的，虽然在一定时期内或在局部地区起到一定的作用，但并未从根本上解决工业污染的问题。

然而，20 世纪六七十年代的末端治理历程告诉我们，末端治理的环境保护模式存在着以下弊端：（1）市场经济规律决定了企业的主要目标是追求经济效益，而在纯粹的末端污染治理过程中，企业没有任何经济利益可以获得，污染治理过程大大增加了企业经济负担，这种矛盾导致了作为污染控制主体的企业没有主动性，企业往往是在外界的压力（公众、政府以及环保社团等）下才被迫进行污染治理的，从而使得末端治理成效甚微，我国不计其数的"偷排"现象也从一个侧面反映着这一现实。（2）末端治理技术治标不治本，且容易造成二次污染。末端治理技术在很大程度上是分散、稀释或者转移了污染物，并不是从根本上利用或者消除了污染物，因此，某一介质或区域环境污染消除的同时必然导致另外一种介质或者区域污染的产生，如烟气脱硫、除尘厂的大量废渣，废水集中处理产生大量污泥等，所以不能根除污染。（3）末端治理技术成本昂贵。随着生产的发展，工业生产所排污染物的种类越来越多，规定控制的污染物（特别是有毒有害污染物）的排放标准也越来越严格，从而对污染治理与控制的要求也越来越高。为达到更加严格的排放标准，企业不得不大大提高治理费用，即使如此，一些要求还难以达到。据美国环境保护署（U. S Environmental Protection Agency，EPA）统计，美国用于空气、水和土壤等环境介质污染控制总费用（包括投资和运行费）1972 年为 260 亿美元（占 GNP 的 1%），1987 年猛增至 50 亿美元，20 世纪 80 年代末达到 1200 亿美元（占 GNP 的 2.8%），而杜邦公司每磅废物的处理费用以每年 20% ~ 30% 的速率增加，焚烧一桶危险废物可能要花费 300 ~ 1500 美元。2000 年经合组织成员国因治理污染和处理垃圾而形成的市场每年达到 6000 年美元左右，即使付出如此之高的经济代价仍然未能达到预期的污染控制目标，末端治理在经济上已经不堪重负。

造成这一结果的根本原因在于末端治理技术的基本出发点是污染产生之后再进行消除，这种出发点忽视了污染的产生过程，在该过程中，浪费了大量的额外资源和人力。一些可以回收的资源（包含未反应的原料）得不到有效的回收利用而流失，致使企业原材料消耗增高，产品成本增加，经济效益下降，从而影响企业治理污染的积极性和主动性。同时，污染控制与生产过程控制往往没有密切结合起来，资源和能源不能在生产过程中得到充分利用。任一生产过程中排出的污染物实际上都是物料，如农药、染料生产效率都比较低，这不仅仅对环境产生极大的威胁，同时也严重浪费了资源。从某种程度上来说，污染物也相当于是人类通过辛勤劳动生产出来的一种"产品"，是凝聚了人类劳动的特殊"商品"，然而，这种商品不仅不能在市场上换取效益，还要花费巨额资金把它消除掉，这本身就是一种严重的浪费。

2. 清洁生产阶段

对于"末端治理"模式的深刻反思和批判导致了解决环境污染问题新策略的诞生。"废物最小化""零排放技术""源头削减""减废技术"和"环境友好技术"等概念相继问世，这些思想都可以认为是清洁生产的前身。1972 年 6 月 5—16 日，联合国在瑞典首都斯德哥尔摩召开了人类环境会议。这是人类历史上第一次在全世界范围内研究保护人类环境的会议。出席会议的国家有 113 个，共 1300 多名代表，包括政府官员、科学家和民间学者。会议讨论了当代世界的环境问题，制定了对策和措施。会前，联合国人类环境会议秘书长莫里斯·夫·斯特朗委托 58 个国家的 152 位科学界和知识界的知名人士组成了一个大型委员会，由雷内·杜博斯博士任专家顾问小组的组长，为大会起草了一份非正式报告——《只有一个地球》。会议经过 12 天的讨论交流后，形成并公布了著名的《联合国人人类环境会议宣言》（简称《人类环境宣言》）和具有 109 条建议的保护全球环境的"行动计划"，呼吁各国政府和人民为维护和改善人类环境、造福全体人民、造福子孙后代而共同努力。《人类环境宣言》提出 7 个共同观点和 26 项共同原则，引导和鼓励全世界人民保护和改善人类环境。《人类环境宣言》规定了人类对环境的权利和义务；为了这一代和将来的世世代代而保护和改善环境，已经成为人类一个紧迫的目标。这个目标将同争取和平和全世界的经济与社会发展这两个既定的基本目标共同和协调地实现；各国政府和人民为维护和改善人类环境、造福全体人民和后代而努力。

举步维艰的末端治理历程使人类醒悟到，与其被动地等待污染物产生后进行末端治理，不如主动行动，在工业生产中进行控制，力求把污染物消灭在产生之前。通过采用各种预防技术，把生产过程中的不同废物削减下来是可能的，在多数情况下，企业常常无须任何费用调整就能得到实施，同时还能取得可观的效益。根据日本环境厅 1991 年的报告，"从经济计算，在污染前采取防治对策比在污染后采取措施治理更为节省"。例如，就整个日本的硫化物造成的大气污染而言，排放后不采取对策所产生的损害金额是现在预防这种危害所需要费用的 10 倍。以水俣病为例，其推算结果则为 100 倍。可见两者之差悬殊。近年来，荷兰在防止污染和回收废物方面也取得了明显的进展。例如，95% 的煤灰料已被利用作为原料，85% 的废油回收作为染料，65% 的污泥用作肥料，家庭的废纸和废玻璃已经有一半以上被收集分类和再生利用。

于是，"预防优于治理"的观念逐步深入人心。例如，欧共体委员会 1977 年 4 月制定了关于"清洁工艺"的政策；1984 年、1987 年又制定了欧共体促进开发"清洁生产"的两个法规。联合国环境规划署极为重视发达国家这一工业污染防治战略的转移，决定在世界范围内推行清洁生产。美国国会 1990 年 10 月通过了"污染预防法"，把污染预防作为美国的国家政策，取代了长期采用的末端处理的污染控制政策，要求工业企业通过源头削减，包括设备与技术改造、工艺流程改进、产品重新设计、原材料替代以及促进生产各环节的内部管理，减少污染物的排放，并在组织、技术、宏观政策和资金方面做了具体的安排。

1989 年，联合国环境规划署工业和环境规划活动中心正式推出了清洁生产战略，并将其定义为："清洁生产是一种新的创造性的思想，该思想将整体预防的环境战略持续应用于生产过程、产品和服务中，以增加生态效率和减少对人类及环境的风险。"由清洁生产的含义知道，清洁生产是关于产品和产品生产过程的一种新的、持续的、创造性的思维，它是指对生产和生产过程持续运用整体预防的环境保护战略。清洁生产是要引起研究开发者、生产者、消费者等对工业产品生产及使用全过程中的环境影响的关注，使污染产生量、流失量和治理量达到最小，资源充分利用，这种模式体现了一种积极、主动的态度。而末端治理把环境责任只放在环保研究、管理等人员身上，仅仅把注意力集中在对生产过程中已经产生的污染物的处理上。具体对企业来说，只有环保部门来处理这一问题，所以总是处于一种被动的、消极的地位。

清洁生产战略集中体现了人类对传统线性经济发展模式和末端污染控制方式的反思和改进，这个时期的人们开始考虑产品整个生命周期的环境影响，并将"减污"思想贯穿到生产全过程中去，同时注意到要采用资源化的方式处理废弃物。于是诞生了"绿色供应链管理""生态设计""绿色制造"等概念。从"排放废物"到"净化废物"再到"利用废物"的转变标志着人类环境保护思想的升华，但对于污染物的产生是否合理这个根本性问题，是否应该从生产和消费源头上防治污染产生，大多数国家仍然缺少思想上的洞见和政策上的举措。

然而，清洁生产本身并不是一个具体的解决问题的技术手段，它是一种改善现有生产工艺和产品的战略。目前清洁生产的大部分实践主要集中在对生产工艺过程的控制，即局限于某一生产过程，而不考虑不同生产系统之间的联系，也就是说它只能解决局部问题，并且没有充分体现废物综合利用的思想，从而在其面对日益紧张的全球性、地区性重大环境影响的环境问题时则显得力不从心。

人类解决环境问题的各种技术是随着社会发展和人们对环境问题的不断深入理解而出现的，它们之间是相互联系、递进发展的。产业生态学将环境问题提升到一个更高的层次，展示了一个极富吸引力的产业发展模式。系统地对这些技术进行学习，有助于加深对产业生态学的理解。对产业生态学原理和方法的研究与应用将有利于从根本上解决资源和环境所面临的一系列问题，有利于实现人类社会与自然环境的协调发展。

2.2 产业生态学的发展历程

自 20 世纪 50 年代以来，产业生态学的发展大致经历了萌芽、成型和蓬勃发展三个阶段。

1. 产业生态学的萌芽阶段

早在 19 世纪生态学发展的初期，H. Odum 和 R. Margalef 等就已经意识到"人类活动同样遵循自然生态系统的规律"，但在当时，生态学家更多地将精力集中在与自然生态系统相似的农业生态系统研究上。20 世纪五六十年代，生态学的蓬勃发展才使人们产生了模仿自然生态系统，按照其物质循环和能量流动的规律重构产业系统的想法。

20 世纪 60 年代末，由于工业化过程的环境代价过高，日本国家贸易和工业部成立了独立的咨询机构——产业机构委员会。该委员会开展了一系列前瞻性研究，其下属的产业生态工作小组提出了以生态学的观点重新审视现有的产业体系和在"生态环境"中发展经济的观念；1972 年 5 月，该小组发表了题目为"产业生态学：生态学引入产业政策的引论"的报告，这为日后的很多相关研究奠定了基础。

20 世纪 70 年代以后，产业生态学的思想已经初具雏形。T. Taylor 于 1972 年提出了一些与目前的产业生态学思想十分接近的观念；1976 年，在联合国欧洲经济委员会组织的"技术与无废料生产"报告上，与会者提出了很多类似于目前清洁生产和产业生态学概念的观点；1977 年，美国地球化学家 P. Cloud 在其论文中使用了"产业生态学"一词，1978 年，日本通产省发起了提高能源使用效率的"月光计划"，1980 年创立了"新能源发展组织"，不久后又发起了"全国环境技术项目"。上述一系列活动大大推动了产业生态学的形成和发展。

20 世纪 80 年代初期，产业生态学研究的典型代表是"比利时生态系统"研究。1983 年，比利时政治研究与信息中心出版发行了题为《比利时生态系统：产业生态学研究》的专著，该书总结了生物、化学、经济学等领域 6 位学者对产业系统存在问题的思考，其基本出发点是"深信生态学的观念和方法可以运用到现代产业社会的运行机制研究中，并以此指导新时代相关方面的发展。"该书清楚地表述了产业生态学研究的基本思想，即要用生态学观点分析产业活动；要对企业及其供应商的产品流通销售网络以及产品消费者之间的关系进行研究；要把产业社会看作一个生态系统，该系统的物质和能量流动与资源管理密切相关。

2. 产业生态学的成型阶段

产业生态学的成型阶段是在 20 世纪 80 年代末到 90 年代初。这个时期以 R. Frosch 等人开展的"产业代谢"研究为代表，旨在模拟生物新陈代谢和生态系统的循环再生过程。1989 年 9 月，R. Frosch 和 N. Gallopoulos 在《科学美国人》发表题为《可持续工业发展战略》一文，完善了产业生态学的概念，认为产业系统应向自然生态系统学习，并建立类似于自然生态系统的产业生态系统。在这样的系统中，每个产业部门必须与其他产业部门相互联系、相互依存，物质和能源得到优化利用，物质消耗和污染物排放实现最小化，而且生产的产品更具经济性。R. Frosch 在产业废物影响最小化的论文中提出了产品设计者在物质循环中起着关键作用，产品应设计得更易于循环和再用，以实现物质利用率的提高和废物产生量的减少等观点。20 世纪 80 年代末期，美国国家工程科学院曾发起过"科技与环境"计划，并于 1989 年出版了其第一个报告文集《科技与环境》，其中包含了许多具有产业生态学导向的观点。此外，上述相关研究者还认为，更加合理的产业活动模式是应该建立在全球环境可持续发展基础之上的。

3. 产业生态学的蓬勃发展阶段

自 20 世纪 90 年代以来，产业生态学的理论研究与实践进入蓬勃发展阶段，尤其是在可持续发展思想的影响下，产业界、环境学界、生态学界纷纷对产业生态学的理论、方法和实践展开了研究，使其系统性、创新性特色得到进一步显现。

1991年，美国国家科学院与贝尔实验室共同组织了首次"产业生态学"论坛，对产业生态学的概念、内容、方法以及应用前景进行了全面、系统的总结，基本形成了产业生态学的概念框架。贝尔实验室的 C. Kumar 认为："产业生态学是对各种产业活动及其产品与环境之间关系的跨学科研究。"

1992年，Hardin 提出产业生态学是"产业界的环境议程"，是解决全球环境问题的有力手段。同年，美国电信企业——美国电话电报公司的 Allenby 完成了世界上第一篇有关产业生态学的博士论文。

1993年，《清洁生产杂志》（Journal of Cleaner Production）出版，该杂志经常刊发有关产业生态学研究的文章，为产业生态学的早期研究成果提供了一个交流平台。

1995年，IEEE 在一份称为《持续发展与产业生态学白皮书》的报告中指出：产业生态学探讨产业系统与经济系统以及它们同自然系统的相互关系，其研究涉及诸多学科领域，包括能源供应与利用、新材料、新技术、基础科学、经济学、法律学、管理科学等，可以看作一门"研究可持续能力的科学"。

1996年，美国可持续发展总统委员会召开生态工业园研讨会，对生态工业园区定义、建设原则及美国生态工业园区建设实践进行了探讨；同年，《生命周期评价杂志》（The International Journal of Life Cycle Assessment）开始在全球发行，该杂志专门刊载生命周期评价的研究论文，对产业生态学的研究和发展起到了很好的推动作用。

1997年，由耶鲁大学和麻省理工学院（MIT）共同出版了全球第一家《产业生态学造纸》（Journal of Industrial Ecology）。该刊主编 R. Lifset 在发刊词中进一步明确了产业生态学的性质、研究对象和内容。

　　1997 年，MIT 在全美率先开设了"产业生态学"课程。1998 年 9 月，耶鲁大学成立了产业生态学研究中心。

　　1998 年，美国国家科学基金会资助了 18 项有关生态产业的基础研究课题，美国矿产管理局在弗吉尼亚举行了"关于科学、可持续能力和天然资源管理：物质与能量流动研究"专题工作会，与会者就产业生态学以及物质与能量流动进行了研讨。2000 年，成立于 1996 年的美国跨部门工作小组发表了题为《产业生态学——美国的物质与能量流动》的报告，对产业生态学和物质与能量流动的关系进行了阐述。

　　2000 年 1 月，国际产业生态学学会（The International Society for Industrial Ecology，ISIE）在美国纽约成立，其任务是推动产业生态学在研究、教育、政策、社会发展以及产业实践中的应用；该学会还在荷兰莱顿举行了"产业生态学的科学和文化"研讨会。之后，康奈尔大学于 2001 年成立了美国国家生态产业发展研究中心。

　　2002 年，ISIE 与生态平衡大会组委会在日本 Tsukuba 联合举办"第五届生态平衡会议"。同年，国际环境毒理与化学学会和 ISIE 在巴塞罗那举行第十届生命周期案例研讨和产业生态联合会议。

　　2003 年 6 月，ISIE 在美国密西根大学举行第二届产业生态学会议，会议的主题是"可持续交通"和"可持续消费"。

　　2004 年 11 月，为了推动产业生态学在中国的发展，清华大学和美国耶鲁大学在清华大学联合举办了"产业生态学"教学研讨会，32 所高校的相关人士参加了为期三天的研讨。

　　2005 年 6 月，ISIE 在瑞典斯德哥尔摩皇家技术学院举行第三届产业生态学会议，重点探讨了产业生态学对地球和人类可持续发展的贡献。

　　2007 年 6 月，ISIE 在多伦多举行了第四届产业生态学会议，会议的主题为可持续性社会代谢，并且对生命周期评价、物质流分析以及生态效率等进行了讨论。

2009 年 6 月，ISIE 在里斯本举行了第五届产业生态学会议，此次会议的主题为向可持续发展转型，探讨了系统创新、制度转型、产业转型、技术转型与可持续发展的关系。

2011 年 6 月，第六届 ISIE 国际大会在美国伯克利举行，会议的主题为"科学性，系统性，可持续性"。

2013 年 6 月，第七届 ISIE 国际大会在韩国蔚山举行，会议的主题为"产业生态学：绿色经济的策略选择"。

2015 年 6 月，第八届 ISIE 国际大会在英国萨里举行，会议的主题为"产业生态学回顾"。

2.3 产业生态学的内涵与概念

目前，已经有不少学者和研究机构从不同角度对产业生态学的概念进行了阐述。几种有代表性的定义如下：

1991 年，美国国家科学院将产业生态学定义为："产业生态学是对各种产业活动及其产品与环境不同相互关系的跨学科研究。"

1995 年，美国电气电子工程师协会（IEEE）在《可持续发展与产业生态学白皮书》中，对产业生态学的定义作了界定："产业生态学是对产业和经济系统及其自然系统间相互关系的跨学科研究，可以看作一门研究'可持续性'的学科。"

1995 年，耶鲁大学 T. Graedel 教授与 B. Allenby 在《产业生态学》教材中对产业生态学的概念进行了完善："产业生态学是人类在经济、文化和技术不断发展的前提下，对整个物质周期过程加以优化的系统方法；产业生态学的目的是协调产业系统与自然环境的关系。"

1997 年，《产业生态学》杂志主编 R. Lifset 在发刊词中提出："产业生态学是一门迅速发展的系统科学分支，它从局部、地区和全球三个层次系统地研究产品、工艺、产业部门和经济部门中的物流和能流，其焦点是研究产业界如何降低产品生命周期过程（包括原材料采掘与生产、产品制造、产品使用和废弃物管理）中的环境影响。"

中国学者王如松认为，产业生态学是一门研究社会生产活动中自然资源的全代谢过程、组织管理体制以及生产消费行为调控的系统科学。

2.4　产业生态学的研究内容

产业生态学在其发展的短短几十年内，广泛吸取了其他学科的理论和方法，形成了自身的理论和方法体系，具体的研究内容主要包括以下几个方面：

一、产业系统与自然生态系统之间的关系

构建产业生态系统就是使产业系统与自然生态系统协调发展，这是产业生态学众多研究领域中的一个方面。产业生态学认为产业系统与生态系统不是对立的，前者是后者的一个特殊子系统；产业系统在很大程度上属于一级生态系统的范畴，还是一个处于发展初期的生态体系，需要从理论和方法上研究如何推动其向高级生态系统演化，从而与整个自然生态系统保持和谐的发展。

自然生态系统既是产品的原料来源地，又是产品或废物的汇集地，因此需要从地方、区域和全球三个层次上扩展我们对自然生态系统的认识，监测和分析自然生态系统的环境容量，详细了解自然生态系统的自净能力、恢复时间，并尽可能获取目前环境状况的真实信息。在此基础上依据自然生态系统的环境容量来平衡产业系统的输入、输出量。产业生态系统与自然生态系统有着类似的生态特征，如消耗物质与能量、产生废物、对环境具有适应性等。通过比较、借鉴自然生态系统中新陈代谢、食物链、食物网、生态位、生态平衡等概念和机理，探讨产业生态

系统中的物质流、能量流和信息流及其构成的"食物网"形态，探讨物质集成与能量集成方式，探讨产业系统适应外界环境干扰的柔性。

二、产业系统代谢过程模拟与改进

1. 产业代谢分析

产业代谢是模拟生物和自然生态系统代谢功能的一种系统分析方法。与自然生态系统相似，产业生态系统也包括四个基本组成部分，即生产者、消费者、再生者和外部环境，通过分析系统结构变化，进行功能模拟和分析产业流来研究产业生态系统的代谢机能和控制方法。按照其研究内容来划分，产业代谢分析可以分为资源代谢分析、组织代谢和区域代谢分析等类型。

2. 物质与能量流动分析

物质与能量流动分析是产业代谢分析中较为成熟的定量分析工具。其主要观点是，目前许多环境问题都是由社会经济系统消耗大量的物质和能量引起的，这些来源于自然环境的资源流动可能会造成一定的环境压力。这就需要我们认真研究不同层面（全球、国家或地区）内的工业系统以及产品生产过程中的物质与能量流动，以及这些流动对经济与自然环境的影响，同时探讨减少这些影响的途径。当前这方面的研究主要集中于分析框架设计、评价指标筛选以及数据收集和处理等环节。

3. 生态效率

生态效率最初是作为一种企业管理理念提出的，对企业可持续发展起到了重要的促进作用。由于它能够反映可持续发展所追求的经济和环境双赢的目标，后来逐渐被广泛应用于园区和国家层面，成为在不同层次上落实可持续发展目标的重要切入点，得到了许多企业和政府的认可，也成为政策制定者的重要参考指标。生态效率是当前产业生态学的研究热点之一，其中包括生态效率指标体系的构建以及生态效率的提高途径，如物质减量化、能源效率提高以及能源脱碳等，研究的核心是分析相关影响因素以及开发适宜的评价方法。

4. 产品生命周期评价与面向环境的设计

（1）生命周期评价

生命周期评价的评价对象包括产品及与之相关的工艺或活动，分析其从原材料采集到产品生产、运输、销售、使用、再利用和最终处置整个生命周期的所有环境负荷。它辨识和量化产品整个生命周期中能量和物质的消耗以及环境释放，评价这些消耗和释放对环境的影响，最后提出减少这些影响的措施。生命周期评价的基本结构可归纳为四个部分：定义目标与确定范围；清单分析、影响评价和改善评价。

（2）面向环境的设计

作为一种产品设计的新理念，面向环境的设计是在20世纪90年代初被提出的。目前，在国外有两个相似的术语，即生态设计和生命周期设计；他们都要求在产品开发的设计阶段就考虑生态要求和经济要求之间的平衡，考虑所设计产品可能对环境造成影响的问题，从而使设计的产品在整个生命周期内对环境影响最小，其最终目标是建立可持续产品的生产与消费体系。

5. 产业生态系统的管理与政策

（1）产品导向的环境政策

产品导向的环境政策是指政府机构针对产品整个生命周期环境影响所指定的政策或规则，以协调产品各相关责任人的环境责任，并通过有效的信息工具辅助实施。产品导向的环境政策可以增强产品的环境友好性，这是产业生态学中一个很有研究价值的领域。

（2）生产者责任延伸制

生产者责任延伸制实际是一种环境保护原则，它要求生产者对其产品的整个生命周期，特别是产品的回收、循环利用和最终处置承担责任。将产品生产者的责任延伸到产品的整个生命周期，可以有效地减少废物的产生。生产者责任延伸制在一些发达国家已得到广泛应用，并已经成为重要的环境管理方法。目前研究主要集中在生产者责任延伸的实现方式和实施对象等方面。

6. 产业生态学的应用与实践

产业生态学是一个整体概念，它的实践要落实到企业、园区、国家及全球的各个层面。

（1）在企业层面的应用

企业作为微观经济主体，是产业生态学实践的基础和推动者。产业生态学在企业层面的应用，主要是针对企业的生产及其管理行为提出环境友好的管理理念、生产方式改进策略以及建立科学可行的评价体系。从管理上来说，最重要的是要求企业树立"三重底线"的理念，即企业不仅要追求经济利益，还应该承担"社会责任"和"生态责任"。以此为基础，可以在企业中开展"生态供应链管理"以及"ISO14000"管理和认证；从生产方式以及评价体系来讲，可以采用产业生态学中的物质与能量流分析、生态效率评价、清洁生产审核以及 ISO14000 管理体系中的生态标志、绿色会计等方法，对企业进行分析和评价。

（2）在园区层面的应用

①生态工业园：生态工业园是依据产业生态学院里设计而成的一种新型工业组织形态，是产业生态学的重要实践形式。目前的研究主要集中在生态工业园的设计与建设、园区生态产业发展以及生态工业园区评价指标体系建立等方面。伴随着理论研究的深入，实践方面也取得了重大进展。在丹麦卡伦堡生态工业园区被提出之后，美国、加拿大、日本、中国、泰国等很多国家都先后建立了各具特色的生态工业园。

②生态农业园：生态农业园建设的基本思路是在建设和保护园区生态环境的前提下，以"整体、协调、循环、再生"为目标，在提高农业生产力的基础上，充分发挥本地资源优势，全面合理安排农、林、牧、副、渔等产业的结构，把高产和优质结合起来，努力实现生态农业园在高产值、高效益和高附加值上的整体效益。这方面研究的内容包括：农业产业网分析、生态农业的类型及发展模式选择、生态农业园的

规划与建设以及农业生态技术的开发与应用等。

（3）在国家及全球层面的应用

产业生态学为产业系统的结构平衡和环境优化提供了一个新的思考模式，也为国家及全球产业政策优化提供了有效的科学和技术支撑。通过对经济系统的物质流和能量流进行分析，可以了解全球、国家、区域范围内物质与能量流动的情况，以及这些流动对经济与自然生态环境的影响，有助于研究和提出减少这些影响的方法和技术。通过对资源生产力的研究，可以检验国家技术政策和产业政策的有效性，从而合理地配置和使用资源。另外还可以将产业生态学的工具和方法用于国家产业的统计和预算中。

2.5　产业生态学的特点

由于产业生态学研究的对象是一个复杂的大系统，为了解决其中的问题，必须从不同的角度，采用不同的方法开展研究。产业生态学在其发展过程中，逐步形成了自身的特点，这主要表现在以下几个方面：

（1）以系统论的观点来研究和解决问题。产业生态学研究的核心是产业系统关于自然系统及社会系统之间的相互关系，它采用系统分析的方法，研究如何促进产业生态系统向高级生态系统演化，使其与自然生态系统及社会系统协调发展。首先，它强调应该从整个生命周期的角度来考虑产品或工艺的环境影响；其次，它还强调研究问题的全球观，不仅要考虑和解决人类产业活动对区域的环境影响，而且还要考虑和解决对地球生命支持系统的影响。

（2）多学科交叉与融合。产业生态学研究的对象是自然生态系统和人类的社会经济系统，所涉及的问题既有自然科学的问题，也有工程技术科学的问题，还有人文与社会科学的问题，因此，产业生态学的研究已经超越了学科的界限。随着研究的不断深入，产业生态学将越来越显现出多学科交叉与融合的特点。

（3）以产品和服务为研究核心。产业生态学认为，产业系统就是向社会经济系统提供产品和服务的子系统。通过产品的整个生命周期过程（包括原材料采掘、原材料生产、产品制造、产品使用、产品回用和产品最终处置），产业系统与自然系统进行着物质与能量的交换，从而产生各种影响。因此，当前产业生态学的研究内容，可以说都是围绕产品的整个生命周期展开的，如产品生命周期设计与评价、面向环境的设计和产品导向的环境政策等。

（4）采用定量分析的方法。产业生态学强调所做的研究必须超越以往描述性的分析，或者借用其他学科的定量分析工具，或者建立新的定量分析方法，研究、分析产业系统对环境的影响，给出量化的分析结果。目前，产业生态学在定量分析方法的研究上已经取得了长足的进展，如物质与能量流分析。

（5）产业生态学关注科技动态。为了实现技术上的可行性，产业生态学特别关注产业的演变过程中关键技术的演变过程。

（6）可操作性强。产业生态学在应用层面上建立了很多方法，它们具有很强的可操作性，在实践中能获得满意的结果，如产品的生命周期评价、生态效率以及生态设计等。

（7）前瞻性。产业生态学主要关注产品的生产、使用和再循环技术的潜在环境影响，着眼于人类与生态系统的长远利益，追求经济效益、社会效益和生态效益的统一。

（8）富有挑战性。经过十多年的发展，产业生态学初步建立了自身研究的理论框架，并提出了一些研究方法。但是，产业生态学研究的对象是一个复杂的大系统，还有很多领域和问题等待人们去探索与解决。

2.6　产业生态学的研究意义

开展产业生态学的深入研究具有十分重大的意义，主要体现在以下几个方面：

（1）可以从根本上解决产业系统与自然系统冲突的问题。产业生态学认为，产业系统是自然生态系统之中的一个尚处于低级发展阶段的子系统，研究如何促使其向高级生态系统演化，有助于整个自然生态系统协调发展。产业生态学涉及产业系统长远发展问题，而不仅仅是环境问题，这就为解决产业系统与自然生态系统之间的矛盾提供了理论和技术支持。

（2）为提高企业竞争力提供了强有力的解决方案。产业生态学借助于有关科学理论和对生态系统的认识，找到能使产业系统与自然生态系统正常运行且相互协调的革新途径，从产品的整个生命周期考虑如何优化物质和能量的流动，提倡用全面、一体化理念解决企业生态效益等。所有这些都为企业资源利用效率的提高、污染控制以及在此基础上的竞争力的提高提供了强有力的解决方案。

（3）对其他学科产生重大影响。任何事物之间的作用都是相互的，产业生态学的多学科交叉性决定了相关学科的发展对其产生巨大的影响，尤其是相关领域技术上的重大突破，有可能使产业生态学相关领域的研究产生根本性的变革。同样，随着产业生态学研究的不断深入以及对其他学科的广泛渗透，可能推动相关学科的快速发展，甚至促成某些学科的内源性转变。就目前的发展态势而言，产业生态学对相关学科的渗透已经促成一些新的研究分支诞生：渗透到工业工程领域，从而推动了面向环境设计和绿色制造的广泛应用；渗透到管理学领域，从而促成了绿色供应链管理、生态化管理、生产者责任制等新方向的发展；渗透到经济学领域，从而大大刺激了生态经济学、环境经济学、资源经济学等分支学科的发展；渗透到城市学领域，诞生了绿色人居、绿色建筑、绿色交通等分支学科。据此判断，未来产业生态学将渗透到更多的传统学科领域，并且会推动这些领域诞生新的研究分支，进而逐步从根本上影响这些学科的思维方式和研究方法。

（4）有利于加快可持续发展的步伐。可持续发展是人类社会发展的一个追求目标。产业生态学方法的应用，将有利于经济、社会和环境协调发展，从而推动可持续发展的进程。

2.7　产业生态学的发展趋势

作为一门新兴学科，产业生态学的内涵仍在不断深化，研究范畴也还在不断拓展，研究发现更是日新月异，总体上呈现出理论系统化、方法集成化、研究具体化的趋势。具体而言，未来产业生态学领域呈现以下几个方面的趋势：

1. 学科交叉更加强烈

源于仿生学、生态学、经济学、环境学等多学科理论和方法的产业生态学一开始就注定了其多学科交叉性，随着其内涵的不断深化和研究范畴逐步由生产领域向消费领域拓展，必然会有更多领域的人进入该领域，因为系统的复杂性和问题的多重性必然迫使其采用相关学科的理论和方法，至少在目前尚没有完善体系的情况下是这样；而多学科的介入必然会推动产业生态学与相关学科的交叉和融合。

同样地，产业生态学在这种多学科相互吸纳和矛盾冲突的过程中日趋成熟，并最终形成一个相对独立的理论和方法体系。最明显的例证就是越来越多学科背景的学者涉足产业生态学研究，其中来自环境科学、化学化工、生态学、经济学、社会学、心理学等领域的学者居多。毋容置疑，大家都认为产业生态学是一门非常有前途的新兴交叉学科，并且会有越来越多的学科介入这一领域。

2. 对相关学科的冲击力不可低估

任何事物之间的作用都是相互的，产业生态学的多学科交叉性决定了相关学科的发展对其会产生巨大的影响，尤其是相关领域技术上的重大突破，有可能对产业生态学相关领域的研究产生根本性的变革。同样，随着产业生态学研究的不断深入以及对其他学科的广泛渗透，可能推动相关学科的大发展，甚至促成某些学科的内源性转变。

就目前的发展态势而言，产业生态学对相关学科的渗透已经并且正在诞生新的研究分支：渗透到工业工程领域推动了生态设计和绿色制造的广泛应用；渗透到管理学领域促成了绿色供应链管理、生态化管理、延伸生产者责任等新方向的发展；渗透到经济学领域大大刺激了生态经济学、环境经济学、资源经济学等分支学科的飞跃；渗透到城市学领域，诞生了绿色人居、绿色建筑、绿色交通等分支学科。据此判断，未来产业生态学将渗透到更多的传统学科领域，并且会推动这些领域诞生新的研究分支，进而逐步从根本上影响这些学科的思维方式和研究方法。

3. 基本理论研究将引起普遍关注

目前，产业生态学还没有形成自己完整的理论体系，而作为一门学科，建立一套具有专属性质的理论体系是必然趋势和基本要求。产业生态学的最终理论体系应该是生态学、社会学和经济学的融合，是运用生态学原理和社会学规则来改造或重塑现有经济理论体系的结果。其中的核心内容之一就是在传统经济学理论中增加生态约束要素，具体表现为资源和环境的约束，即经济发展必须考虑资源的稀缺性，经济增长可能面临资源短缺瓶颈；经济发展是有副作用的（主要是污染排放以及由此带来的生态破坏），这种副作用必须控制在一定的范围之内，即环境承载能力之内，否则将给社会带来极其严重乃至毁灭性的危害。

在这种大范畴下，产业生态学的发展会使现有的经济学和社会学理论乃至更大范围的领域发生一些根本性的变革，主要体现在经济学的内生要素的根基仅仅是一种全新的根源性环境污染防治模式，而且会是一种崭新的经济发展理论和全新的社会消费行为规范。也就是说，产业生态学理论体系的形成过程，就是用其全新的思维模式去改造现有学科理论体系、塑造全新社会行为规范和培养新的社会意识形态的过程。从这一点上说，产业生态学基础理论体系的构建和完善是必然和必须的。

4. 应用领域不断扩大

未来的产业生态学研究将不仅仅停留在指导生态产业园区建设方面，而会向宏观决策和微观设计两个方面拓展。例如，大区域层面的物质流分析和基于产品的生命周期分析可以为政府制定区域乃至国家产业、行业政策等提供依据，而生态设计等则为微观层面企业的产品设计和制造提供了技术支撑。

另外，未来的产业生态学研究会更加关注生产系统和消费系统的融合地带，会努力探索实现二者无缝连接的关键技术和方法，而其对社会消费系统的渗透也必然会刺激社会生态学的蓬勃发展，届时，产业生态学和社会生态学将分别成为研究人类生产行为和消费行为的重要支撑。

3 理论与方法研究

3.1 循环经济理论

20世纪40年代后西方国家工业化迅速发展，逐渐进入后工业化时期，随之产生了严重的环境问题，特别是著名的"八大环境公害"事件的发生，使得环境问题日益得到社会的广泛关注，特别是美国生物学家《寂静的春天》与罗马俱乐部《增长的极限》的出版，使人们开始反思当时社会的发展模式，再加上20世纪70年代两次石油危机的爆发，出现了世界范围内的能源危机，使得循环经济由理论逐渐走向现实。一方面，西方国家经过几百年工业化的发展，自然资源消耗巨大，资源问题成为继续发展的障碍，另一方面，西方国家进入了废弃物大量出现的阶段，大量报废汽车、报废电器、报废轮胎等堆积如山，造成严重的垃圾问题。废旧资源的大量产生也为循环经济的发展提供了条件（王玉涛，2011）。20世纪60年代由美国学者提出的著名的"宇宙飞船理论"认为，地球就像是一艘行驶在宇宙之中的飞船，只具有有限的资源可供人类利用，因此只有通过改变人类生产生活方式，由开放式的利用走向闭合式的利用，从而使得人类的生产活动能够在地球的承载力范围之内，才能实现地球这艘"宇宙飞船"的长久运行。该理论为循环经济的发展奠定了基石，使得人们开始从本质上审视人类工业文明的发展方式。

　　尽管国外学者率先提出了循环经济的理念，但是国外学者没有把循环经济作为一门系统学科进行发展，更多的是从生态经济与产业生态学的角度上进行研究，相比之下，虽然中国循环经济研究的起步晚于西方国家，在20世纪末被诸大建等学者系统地引入中国学术界（诸大建，2014）。随着世界制造业向中国的大规模转移，中国已经成为"世界工厂"，循环经济在中国迅速发展，目前其理论研究与实践领域已经从废物回收利用逐步扩展到生产生活的各个方面，中国学者对循环经济的理论研究与实践在世界范围内都产生了重要影响（Yu et al.，2014）。

　　循环经济的核心原则为"3R"原则，即减量化（Reduce）、再利用（Reuse）、资源化（Recycle）。循环经济本质上是关于资源可持续利用的理论，资源效用是循环经济理论关注的永恒主题，循环经济与传统经济的本质区别在于资源效用的衡量标准不同，传统经济的资源效用可以用现行的货币衡量，体现的是纯粹的经济价值，而循环经济的资源效用不仅仅需要体现经济价值，还需要体现环境价值和社会价值。由于技术水平、历史文化背景的不同，不同经济行为主体对同类资源的环境价值、社会价值的挖掘能力是不尽相同的。因此，循环经济注重资源效用关于三种价值共同体现的渐进实现，而不是生态经济强调的同时实现。这是循环经济区别于生态经济的主要特征（陆学、陈兴鹏，2014）。因此，循环经济的本质属性是"经济"，其外延是"社会"和"环境"与"经济"的关系。表3-1总结了国内循环经济实践的总体框架，同时反映了循环经济实践的不同领域、不同层次，以及相应的对策措施。

表 3 - 1　中国循环经济的实践结构（陆学、陈兴鹏，2014）

实践领域	微观尺度 （单一对象）	中观尺度 （共生联盟）	宏观尺度 （城市、省、国家）
生产领域（第一、第二、第三产业）	清洁生产 生态设计	生态工业园区 生态农业系统	区域生态产业网络
消费领域	绿色采购与绿色消费	环境友好公园	租赁服务
废物管理	产品回收体系	废物交易市场 静脉产业园区	城市共生
其他		政策与法律；信息平台；能力建设；非政府组织	

目前，多数国内外学者认为应该从以下三个层面来发展循环经济：（1）微观企业层面的"小循环"在企业层面上，按照 3R 原则，通过与清洁生产等相关技术的大量开发使用，企业环境管理开始由末端处理走向全过程管理。其中清洁生产是 20 世纪 70 年代末兴起的，旨在通过采用改进的设计与先进生产工艺，选用清洁的能源与原料，从产品设计、生产到消费全过程的减少污染的产生，降低环境危害所采取的一系列措施，其被认为是企业层面发展循环经济的基本形式。清洁生产的推进需要通过政府主导的强制性政策与市场主导激励性政策予以引导推进。（2）区域层面的"中循环"在区域层面上，主要是以生态工业园（Eco - industrial Park）的诞生与发展为代表，其特点是按照产业生态学原理，模仿自然生态系统中生物链与生物网的结构，形成具有共生互利特征及链网结构的企业工业园区，其中比较有代表性的是丹麦卡伦堡生态工业园，其通过企业间副产品或者废弃品的交换利用，有效降低了物质消耗，降低了环境治理成本。生态工业园的发展同样需要合理的政策予以驱动，在这其中，政府的导向性政策起到非常重要的作用，政府通过

资源价格差异化、税收、补贴等市场化手段可以有效促进工业园区的企业实现良胜的互动，政策法规建设与信息透明是生态工业园能够可靠运行的保障。（3）社会层面上的"大循环"在社会层面上，政府通过各类政策工具，引导企业的生产行为与人们的消费行为，在全社会范围内形成发展循环经济，保护自然环境，其中最具代表性的是德国的双元系统与日本的循环型社会的发展战略。另外，瑞典学者提出并在欧盟国家广泛应用的延伸生产者责任制度，有效地促进了社会层面上循环经济的发展。社会层面的大循环的形成需要综合运用大量的法规制度与市场化手段予以推动，另外，在全社会进行生态环境教育的普及，生态文化的形成都对循环型社会的发展起到重要的作用。

3.2 产业共生理论

3.2.1 产业集群

产业集群理论近年来一直是国内外经济学和环境学界研究的重点。集群理论之所以被现代经济学研究领域所重视，是因为它突破了传统产业经济学的分析方法，把区域看作一个整体，特别把公司和产业看作一个系统，注重区域发展、创新、竞争和区域网络构建。集群理论研究的进展对于提升区域和国家竞争优势具有重要意义。

由于研究产业集群现象的学科众多，涉及经济学、区域经济学、地理经济学、管理学、社会学等众多学科，学科之间的融合不够，目前产业集群研究缺乏统一的概念与研究范式。经济学、区域经济学一般多用"产业集聚"的概念，管理学科则多以"产业簇群或产业群簇""产业集群""产业群"等概念。而经济地理学科还有用"产业区"与"新产业区""区域集群""产业综合体""区域创新系统"等概念。尽管各学科所用概念名词不同，但基本都是指相关产业与机构在特定区域的集聚，既是企业与机构在特定区域的集中，又是产业在某一特定区域的集中，大量的集中形成网络，并集结成群。只不过管理学、经济地理学科所用的产业集群、产业区的概念可以是更加微观层面上的企业的"空间扎堆"，研究的视角可以扩展到地方社会制度、文化、技术创新与区域网络等宏观层面上的非物质联系。而经济学科则更加抽象和一般，研究的视角主要是集聚经济内在机制，强调企业间的物质联系，关心的是企业的成本与收益。

虽然不同学科对集群现象的关注各有侧重，但这些概念的含义大同小异，都从不同的侧面反映了产业集群的地理特征、产业联系特征、经济外部性特征以及社会文化特征。目前主要有两种定义得到众多研究者的承认。

一是 J. A. Theo、Toelandt 和 Pim den Hertog（1998）等学者从集群形成的动机和功能即组织学习与知识创新效应出发，定义为"为获取新的和互补的技术、从互补资产和利用知识的联盟中获得收益、加快学习过程、降低交易成本、克服或构筑市场壁垒、取得协作经济效益、分散创新风险，相互依赖性很强的企业包括专业供应商、知识生产机构包括大学、研究机构和工程设计公司、中介机构包括经纪人和咨询顾问和客户通过增值链相互联系形成的网络"。

二是波特从集群的地理聚集特征出发，以价值链为联系内容，定义为"在某一特定领域内相互联系的，在地理位置上集中的公司和机构的集合"。它包括一批对竞争起重要作用的、相互联系的产业和其他实体，例如，它们包括零部件、机器和服务等专业化投入的供应商和专业化设施的提供者。集群还经常向下延伸至销售渠道和客户，并从侧面扩展到辅助性产品的制造商，以及与技能或投入相关的产业公司。

3.2.2 产业集群的形成机理

产业集群的形成和发展与其组织形态密不可分。更加具体地讲，这种特殊的组织形态是与其所具备的专业化分工、地理性临近、组织性临近、群内组织相互关联，以及协同与溢出效应五大特性相互作用的结果。

首先，专业化分工可以使集群企业通过有序的竞争与合作达到或接近最优生产规模。按照古典经济学的观点，企业的规模经济效应来自于单个企业生产能力的扩大，但由此带来的是企业管理成本的上升和灵活性的下降。如何解决单个企业的规模扩大和内部垂直整合成本之间平衡的矛盾，一直是古典经济学难以有效解决的问题，而这个问题在产业集群中得到了较为有效的解决。基于成熟的劳动分工之上，专业化使产业价值链充分细分，集群内的企业仅从事产业价值链中非常细小的环节。以浙江温州苍南县金乡镇的铝制标牌和徽章产业集群为例，铝制品的生产，可分解成溶铝、轧铝、写字、刻模、晒板、打锤、钻孔、镀黄、点漆、穿别针、打号码等多道工序，每道工序均有企业专业生产制造。集群企业沿产业价值链的专业化分工协作，打破了原有单体企业纵向整合式经营结构，使产业价值链不同环节由专业性企业组织生产制造或是提供相关服务。同时，同处于一个环节的少数企业又存在着相互竞争关系。这种由专业化分工所带来的集群企业间竞合互动的关系在确保单体企业接近最优生产规模组织生产的同时，又确保了其在竞争压力下的灵活性，从而大大提高了集群内部每个企业的生产效率。

其次，地理空间上的临近促进集群企业之间通过正式或非正式渠道分享知识和交流信息。虽然先进的信息技术已打破地域性界限，并大大降低了信息沟通的成本，但大量研究表明，对于知识与技能的传递，特别是缄默性知识与技能的传递，面对面的沟通与交流仍然具有信息技术所无法替代的优势。正如所比喻的那样"在走廊与街道中传递知识要远比跨大陆和海洋传递来得容易"。企业的成长依赖于非正式渠道的信息沟通，这种非正式渠道的信息沟通除了面对面交流外，还可以表现为员工之间的关系网络、集群内部人员的流动、相关产业之间的联系，以及可以通过眼睛和耳朵比较容易地获取。显然，这种信息交流渠道是集群外部的企业所难以分享的。这种信息沟通渠道的建立，对在技术和市场不确定性环境下集群企业之间的信息流动和知识溢出，对企业应对快速变化的技术和市场环境至关重要，甚至可以构成整个集群的战略性资产。以浙江诸暨大唐镇袜业集群为例，在方圆53.8平方公里的镇域内，聚集着450余家生产企业及160多家配套企业，平均在每平方公里内聚集着约13家与制袜相关的企业。在地理空间上的企业高密集度为在集群内部形成各种信息交流与知识共享渠道创造了群外企业所不具备的条件。

再次，组织性临近有利于在集群企业间形成学习与知识共享网络，增加集群企业对知识吸收和利用的程度。单凭地理上的临近并无法确保企业间生产协作与知识交流的通畅。分属于不同行业，且在经营运作管理上存在较大差异的企业，即便作为邻居，其间的协作与沟通也不会经常发生。而集群企业由于长期专注于在同一产业价值链上的生产组织运作活动，通过模仿及相互影响，它们之间往往形成相同或相互类似的组织形态、组织文化及操作惯例。这些组织临近的特性有利于促成各集群企业之间关于信息、知识和技术的相互学习、交流与沟通"网络"。处于网络内部的集群企业对于知识特别是缄默性知识的接收与传递相对群外企业要方便顺畅得多。借助组织性临近所促成的学习和知识共享网络，大大提高了集群企业应变动态环境变化的能力。

又次，集群企业与相关机构间的相互关联降低了企业交易成本。在企业之间由于专业化所形成的相互关联包括多种形式，不仅在制造型企业之间，而且也在服务型企业之间形成简单的投入—产出关系，企业与相关研究机构之间的知识交换，企业与公共及准公共政策机构的联系等。这些关联通常以正规的联系、长期的信任或隐性知识的交换传递等形式而得到维持。因此，这些相互关联不仅是市场导向的各种交互形式，同时也需要社会、政治及文化等纽结成的网络，一种特殊的"氛围"。由于集群企业之间存在的种种"血缘""地缘"和"业缘"关系，使得集群内的交易往往建立在"信任"的基础之上，集群企业与相关机构作为信任网络上的结点，相互间有着千丝万缕的联系，在追求利益的同时往往掺有较大的情感与关系成分。产业集群内部企业之间相互关联的这种网络化结构，很大程度上促进了企业间交易的顺利进行，并且降低了交易成本。

最后，协同与溢出效应使集群获取外部经济性。协同效应在经济学中被称为范围经济性，通常当某企业一起生产和出售多种产品的成本低于该企业单独生产和出售同样数量的单一产品成本时，就存在着范围经济性。范围经济性产生的协同效应则为集群整体带来"1＋1＞2"的效果溢出效应，即指由于某个体的行为而给周围群体带来的影响，其一般来源于示范、模仿、传播和竞争。由于集群企业的地理临近与组织临近性，企业之间在信息、知识、技术、研发等方面的示范、模仿、传播和竞争作用明显，使得整个集群高效地获得由知识、信息、科研及技术创新成果外溢所带来的好处。协同和溢出效应产生于集群内部而单个企业外部，通过对如专业人才市场、专业性服务机构的共享，以及知识与技术的溢出与扩散，集群内每个企业既为外部经济性的供给者，更是外部经济性的受益者。而且，产业集群的外部经济性具有很强的隔离性，集群外部企业几乎难以成为此外部经济性的获益者。

3.2.3　产业集群的生态化

产业集群是由相互联系的多个同类企业构成的产业种群聚集在一定的区域内形成的产业群落，存在着从产生、发展、成熟到衰退的不断演化的活动过程，因而具有与生物群落相似的生态学特性。

陈建煊和杨建梅（2004）从组成要素、结构和功能等方面总结了产业集群与生态系统的相似性和共同特征，如表3-2所示。

表3-2　产业集群与生态系统的相似性

相似性		生态系统	产业集群
组成要素		生命有机体	企业和机构个体
结构相似性	要素之间的关系	生物个体之间及生物个体与环境之间相互作用、相互依赖	大量企业和机构之间及与其环境相互作用、相互影响
	整体性	各要素构成具有自调节能力的有机统一体	产业集群内的企业和机构以及与外部环境并与之相互影响，形成有机整体
	反馈特性	正反馈和负反馈	正反馈和负反馈
	空间特性	在特定生境内	在一定的时间和空间内
	营养结构/价值结构	生态链	产业链
功能		生物生产、资源分解、物种流动、能量流、物质循环、信息传递、价值流通	资源流动、信息传递、价值流动、物质循环
多样性		生命有机体的多样性、环境多样性	集群企业的多样性外部环境因素的多样性
层次		生物个体、生物种群、生物群落、生态系统	集群企业、集群内产业、产业集群
环境影响		适者生存、优胜劣汰	适应环境、协调发展
自适应		一定的自适应能力	一定的自适应能力
动态过程		发生、形成、发展、进化	产生、形成、发展、稳定
竞争性		同类物种间具有竞争关系	集群企业间，产业间具有竞争关系
可管理型		自然调节	人为控制

此外，李健和金占明（2006）将产业集群与生态群落的生态相似性进行了比较，如表3-3所示。

表3-3 产业集群与生态群落的生态相似性比较

相似性	生态群落	产业集群
组成要素	以生物有机体为主体	以企业有机体为主体
整体性	各种生物互相影响，构成一个整体	企业与机构相互影响，构成一个整体
层次特征	生物个体、生物种群、生物群落	企业个体、产业种群、产业集群
空间特性	一定地理范围空间	一定地理范围空间
调节与适应能力	具有一定自我增强和适应能力	借助政府和中介机构的调节，具有一定自我增强和适应能力
生命周期	产生、发展、成熟、衰退或进化	产生、发展、成熟、衰退或进化
多样性	不同类型、不同等级的物种	各种类型的企业和产业
环境影响	自然选择、自适应性	具有适应环境和进化能力
发展方式	自然选择、协同进化	优胜劣汰、协同进化

产业集群从构成成分和结构上来看类似于自然生态系统中的生物群落，具有与之相似的生态学特性：

（1）产业集群同自然界中的生物群落一样，是由企业个体构成的有机整体。一些相互依存的，具有生命体特征的。这些企业个体具有生命体的特征，相互依赖、共同生存，构成了产业集群的基本组成要素，而企业个体的异质性也成为产业集群多样性的基础。

（2）产业集群同生物群落一样，也具有一定的层次和结构。产业集群是由多个产业种群构成的，而这些种群又是由企业个体聚集在一起而生成。在产业集群中，企业个体和种群的聚集不是简单的"加总"

关系，而是通过复杂的群内关系相互作用形成一个有机的整体。产业集群的内部结构具有层次性、有序性并且具有与自然生态相似的演化规律性。

（3）产业集群同自然生物群落一样，具有一定的空间特性。产业集群是在一定的地理区域上聚集的产物，产业集群与其所处的空间是不可分割的。

（4）产业集群也具有生命周期的特性。国内外学者普遍认为，产业集群的演化过程必然要经历产生、发展、成熟到衰退的动态演化过程，这一演化过程类似于自然界生命个体的生命周期特征。

（5）产业集群与环境的作用关系是双向的，集群企业的发展会受到环境的影响，同时又会对环境变化做出回应，形成一定的反馈。在生物群落中，生物个体和种群会与环境不断地进行资源的交换和信息的传递，以维持自身的发展，增强自身的生命力和对外部环境的抵御能力。产业集群的生存和发展同样要依赖于外部环境，通过不断地与外界环境进行物质、能量和信息的输入与输出进行循环与交流，形成与环境相互适应的关系。

（6）产业集群具有一定的动态性特点。受外界环境因素的不断影响，产业集群会处于一个持续的动态变化过程中。在这一动态发展过程中，不适应环境趋势要求的企业个体将会逐渐死亡或退出，而新的企业个体又会不断地涌现和加入，最终使产业集群不断提升核心竞争能力。

（7）产业集群具有自适应性。产业集群中的企业个体和种群是在一定的演化规律支配下有序生存的，其形成和演化需要经过其自身各种群及企业个体之间的相互适应和对环境的适应这样一个过程。

在产业集群的演进过程中，由于其内部结构或外部环境的变化，常常会发生从一种集群类型向另一种集群类型的更替。或者由于产业集群的发展与环境不相容，导致了环境的恶化，从而使产业集群趋向退化、衰落甚至消亡；或者由于产业集群的成长和环境条件的改善，使原来的初级产业集群得以向更高级的产业集群演进，而且产业发展的环境条件得到不断的优化。

由于传统产业集群在地域上高度集中，在结构上难以实现物质循环和能量高效流动，与生态环境的协调适应性差，可持续发展能力不足，因而注定被新型的生态型产业集群替代。

依据产业生态学理论，通过集群内部的系统集成管理，可以把各种分散的企业和产业协调优化并形成生态产业链，从而实现产业集群的生态化，建立自然资源产品再生资源的新经济发展模式。其实质是通过企业间的物质、能量和信息交换，建立产业生态系统的"食物链"和"食物网"，形成互利共生的"网络"，实现物质循环和能量多级利用，由此形成企业间的共生群落关系。

从微观层面研究产业集群的生态化问题，最重要的是实现集群内企业的生态化。可采取以下措施：

（1）提高企业内材料和能源的使用效率，提高废物的再生利用率，从而降低集群内企业的生产成本，提高企业绩效和竞争力，同时实现环境信息系统和其他支持服务系统在集群内企业之间的共享。

（2）在环境绩效改善层面，集群内企业不仅要大量削减污染源和废物源，而且还要减少对自然资源的需求。集群内企业将通过污染预防、能源有效使用、水管理、资源再生利用等清洁生产技术，减轻工业生产所造成的环境负担。

从系统层面研究产业集群的生态化问题，不能只局限于集群的局部生态化，而是应该对产业集群进行空间结构分析，研究产业的上下游关系和网络循环性、产业多样性、产业价值链、产业密集度、产业关联度等问题，建立企业之间的网络循环。

产业生态系统与其他复合生态系统一样是开放的系统，通过各种直接或间接的方式与其他系统发生联系。产业集群也是高度开放的系统，生产需要从外部输入能量和物质，产品需要消费市场，产生的废物可通过内部处理或运送到系统外，利用其他生态系统的净化吸收能力消除其不良影响。

要推动集群生态化，就要从整个集群系统着眼，全面考察研究，科学定位，指导产业构架，然后从细处着手，实现系统的全面优化；要按照产业生态学与区域经济原理，在自然生态系统承载力基础上，将产业集群内的产业生态体系与区域社会—资源—环境系统进行系统耦合；要在物质能量代谢、空间格局及人类生态关系等方面进行优化，降低生产过程对生态环境的不利影响，使物质能量多级利用和高效产出，形成优势互补、互利共生、自然生态与人工产业链密切结合的复合生态系统；要合理有效地利用空间资源，发挥区域整体优势，提高区域产业在国内国际上的竞争力，以达到经济发展、环境改善和人力资源充分利用的目的，最终实现产业集群的生态化升级。

3.2.4 产业共生概述

产业共生是一定地域范围内的企业为提升竞争优势而在资源节约利用和环境保护方面进行合作的一种经济现象。产业共生体系是一定地域范围的企业、企业间共生关系的集合。国外最初提出产业共生概念时，其产业升级已有些时日并取得明显成效，具体表现为其产业系统的资源利用率相对较高，污染物产生/排放强度相对较低，在这种情况下，通过企业/产业间的废物交换利用来实现企业/产业体系内的废物减量化或零排放是最经济和最有效的途径和策略，因此，产业共生最初是希望通过建立企业间的"废物关联"来实现产业系统的物质闭路循环和能量的梯级利用，这种特定背景给产业共生留下了"副产品再生利用"的烙印。国际上最初构建的产业共生体系虽然实现途径和手段有所差异，但基本上都是基于废物交换利用的。

从本质上讲，产业共生是生态产业体系中企业的一种优化组织形式，尤其是企业与企业之间在环境保护方面的合作机制，由于国外通常用"industrial symbiosis",因此,有的中文论著也称其为"工业共生"。就其产生背景、发展历程和本质要素而言,产业共生要比产业集群(industrial cluster)具有更丰富的内涵,因为产业共生不但要求企业通过集聚形成产业集聚,而且要求集聚的企业之间必须通过环境方面的合作来实现整合效益的优化,这一点是产业集群概念所没有体现出来的。与传统产业经济学内容相比,能够体现其价值体系之间差异的最直接的内容就是废物交换利用关系,因为废物再利用最直接的后果就是污染排放的减少。一定程度上可以说,废物交换利用是环境成本内部化的一种体现,现实中的产业共生体系基本上都是围绕废物交换利用和基础设施共享尤其是污染控制设施来进行设计的。

产业共生网络则是指由各种类型的企业在一定的价值取向指引下,按照市场经济规律,为追求整体上综合效益(包括经济效益、社会效益和环境效益)的最大化而彼此合作形成的企业及企业间关系的集合,是构成产业共生体的必要条件和核心内容。产业共生体系则是由产业共生网络及其依存环境(资源禀赋、制度安排、技术进步等)所构成的整体。在一定程度上,企业及企业间共生关系构成了产业共生网络,而产业共生网络及其依存环境构成了产业共生关系。

产业共生体系的形成和发展受到诸多要素的影响,如制度安排、产业基础、技术进步、环境支撑、资源禀赋等都会对其产生或多或少的影响,很多时候,是这些要素相互交织在一起共同起作用,因而,在实际案例中很难明确界定各种要素的作用机制和过程。然而,毋庸置疑,产业共生体系的形成和发展遵循一定的可观规律,而产业共生研究的一个重要内容就是发现这种规律,并用其指导我们现实中的产业共生体系设计和优化调控。一般而言,对产业共生体系演化规律的研究主要是通过实证来进行,即通过对一系列共生案例的剖析,发现其中的共性规律。在具体研究过程中,演化路径可以用其结构变化来表征,而体现其结构变化的典型指标就是产业共生关系的变化。

3.2.5 产业共生网络形成机制

作为一种经济现象,产业共生网络是一种客观存在,毋庸置疑,其形成过程是诸多因素相互交织作用的结果,然而,从某一视角上,产业共生网络的形成具有一定的规律,这里试图从产业共生网络中企业的环境责任和形成流程来解释产业共生网络的形成机制。

3.2.5.1 产业共生网络中企业环境责任的界定

识别企业环境责任的前提是产品生命周期内观察其环境影响,并且按照"生产者负责、消费者付费"的原则来界定其归属。首先,企业在开采原材料以及将其加工成为产品或半成品的过程中会产生大量的污染物/废料;其次,产品经过消费者使用后会形成大量的废旧产品。从产业生态学中物质闭路循环的角度来看,如果能将这两个环节产生的废物资源尽可能的作为原材料返回到原材料系统,就构成理论上的物料闭路循环系统。理论上,该想法似乎很简单,然而,现实中操作起来却是个非常复杂的工程,并且几乎是不可能达到这样的理想状态,因为整个过程中必然会有一部分污染物没有办法资源化利用,而只能将其进行无害化处理和处置。企业对上述过程的理想化控制过程和控制环节,构成了企业环境责任的主要来源和类型。

1. 环境安全与健康知识培训

环境安全与健康知识培训是指,产品生命周期涉及的所有企业都要对其员工进行环境安全与健康方面的知识培训。一方面,让企业从一开始就将资源节约利用和污染减量化的思想贯彻到原材料开采、加工和利用的全过程中去,尽可能地规避环境和安全风险;另一方面,切实让员工做好自我防护,尽可能减少生产过程可能对其造成的健康伤害,最大限度地保证工人的安全和健康。

2. 环境设计(生态设计)

环境设计(生态设计)是指,企业从产品的设计之初就充分考虑其原材料使用、生产过程、消费过程乃至消费后废旧产品的回收和再利用全过程的环境影响，并尽可能在产品设计过程中从产品功能、结构、大小、材料等方面提出符合绿色产品理念的设计方案，从而最大限度将环境影响消灭于无形。

3. 产品绿色消费知识宣传

在产品的消费过程中往往涉及很多环境污染问题，这时企业不但有责任分析和识别这些潜在的环境问题，而且还应该有一套解决本企业产品在消费过程中可能造成的环境问题的策略和方法——绿色消费知识。同时，企业担负着在产品销售的过程中就将这些绿色消费策略和方法"传授"给消费者的责任和义务，以便使消费者在消费的过程中尽可能地避免或减少这些污染的产生。

4. 延伸生产者责任

延伸生产者责任是指，企业既是产品的生产者，也是垃圾的原始制造者，即企业应该是这些废旧产品的最终责任处理者，然而，消费者消费了产品的使用价值，理应为其承担一定的成本，这就是所谓的"生产者负责，消费者付费"原则。通过运用该机制，不但可以实现废旧产品的回收再利用，而且有效避免了这些废旧产品流入环境后可能造成的潜在环境污染。

5. 环境污染治理及废物资源化

环境污染治理及废物资源化是指，企业有责任和义务消除其生产过程中所产生的环境污染物，并且同时有责任尽可能地利用这些废物资源而不是将其作为垃圾处理掉，以便最大限度地提高资源生产力和生态效率，规避潜在的环境影响，这一部分是目前现实中企业履行环境责任的主体。

3.4.5.2 产业共生网络中企业环境责任的市场化过程

企业环境责任完全可以由其自己投资自己履行，然而，现实中市场竞争的结果却往往并非如此，这是因为随着全球经济一体化步伐的加快，企业面临越来越大的竞争压力，从而迫使企业将其非核心业务外包，而集中有限的精力和资金从事本企业的核心业务，以提高其核心竞争力。企业环境责任对大多数企业来讲都是一项新业务，是本企业所不擅长的，从而也是企业的非核心业务之一。在这种情形下，企业为了提高核心竞争力，在运作过程中不得不将这些"杂物"从企业核心业务中剥离出来，通过市场找到合适的专业代理商（或合作商）帮助其履行环境责任。将环境责任从企业核心业务中分离出来是今后企业履行环境责任的市场化方向。

企业将其环境责任分离的结果必然是通过市场将其委托给擅长环境业务的企业去"帮"自己完成，而这种"帮"是基于一定的报酬的，也就是企业通过委托一个可以信任的环境业务代理企业去帮助自己履行环境责任，而自己支付给代理企业一定的劳动报酬，从而形成所谓的委托—代理环境责任机制。

按照环境责任类型的不同，其委托—代理机制运作起来会有较大的差异，从而形成不同的产业共生网络结构。

1. 业务外包型——环境责任委托代理模式

企业设置专门的环保部门来履行其环境、安全和健康（environment, safety & health, ES&H）培训、绿色消费宣传、环境污染治理等责任，虽然在理论上可行，但在现实中往往是一种不经济行为。因而很多时候，企业是委托相关科研院所、高等院校或专门的环保机构来履行这些责任的，甚至对于某些专用环保治理技术的开发也是如此。这种环境责任履行模式往往是基于代理企业和委托企业之间的信任和合作关系，协作在其中占了很大的成分，因为要解决委托企业的环境问题，不仅需要代理企业的努力，而且需要委托企业员工的积极参与和密切配合。在这种业务外包关系中，合同往往不是那么正规和严格，双方的信任是合作的基础，此时的双方往往是本着务实和解决问题的态度进行协作，如图 3 -1 所示。

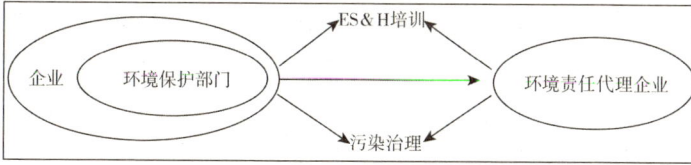

图 3-1 基于环境责任委托代理的产业共生网络结构

2. 内部协调整合型——绿色供应链管理模式

就环境设计责任而言，环境设计业务虽不是企业的核心业务，但企业不能也不愿意将该业务外包，这是因为环境设计是嵌套在其核心业务——产品设计中的，如果将环境设计业务外包，就意味着企业不得不公开其产品设计资料，虽然委托代理合同可以对环境责任代理企业形成一定的法律约束力，但环境责任委托企业仍然要承担很大的泄密风险。在这种情况下，通过一定的机制（如激励、惩罚等）来促进供应链相关企业共同致力于整个产品链环境表现的改善和环境效益的提升，会取得意想不到的效果，这就是目前国际上流行的绿色供应链管理机制的精髓。在这种机制下，供应链相关企业在环境方面密切合作，甚至是无偿援助。同时，由于大家均将整个供应链视为一个整体并且实现了相关信息的共享，因而大大增加了供应链上企业的责任心，有利于激发相关企业履行环境责任的积极性和主动性，从而大大改善其履行效果。此外，供应链企业在"非核心业务"上的密切合作，大大增加了企业之间的信任，加强了彼此的联系，进而减少了"核心业务"合作中的"逆向选择"和"败德行为"。

3. 信息共享型——废物资源交换利用模式

对于本企业内部不能够资源化利用的废物资源，通过市场交换将其出售给可以利用该种废物作为原料的企业，从而实现企业之间废物资源的交换利用，这是目前生产产业共生网络建设中比较流行的共生模式。由于废物资源与原生资源的属性不可能完全相同，废物产生企业或者废物利用企业往往需要设置专门的工序对这些废物资源进行特殊处理，并且在很多时候废物利用企业还要对其生产流程进行一定的调整，这就决定了该模式中企业之间的合作带有很大的依赖性和互补性。相应地，也就存在较大的合作风险。因此，这种共生模式需要相关企业之间不仅要有较好的信任度，以便能够进行深度合作，而且需要企业有充分的技术和资金支持，因为这里潜在的风险很大，一旦某个企业因为意外原因倒闭，则整个废物资源利用网络将会瘫痪。在这种模式下，希望参与该共生网络的企业首先将自己的废物资源供需清单发到共生网络专用信息资源中心，并从信息中心获得相应的供需信息，然后，通过信息中心与相应的企业联系并建立合适的废物交换关系。需要注意的是，信息中心要严格审查企业所提供信息的完备性和真实性（包括企业信誉等级），尽可能规避虚假信息。

3.2.6 产业共生案例

3.2.6.1 丹麦卡伦堡生态工业园

1. 卡伦堡产业共生体的建立

卡伦堡是丹麦一个仅有 2 万居民的工业小城，虽然它作为工业城镇的时间并不久，但从历史上却可追溯到维京时代。而今，这个城市中伫立着许多的大型加工企业。卡伦堡之所以能够吸引投资，是因为卡伦堡诱人的深水港口，它是北半球这个纬度上冬季少数不冻港之一。正如卡伦堡市技术环境委员会主席瓦德马尔·克里斯滕森（Valdemar Christensen）所说："卡伦堡是一个拥有优质天然港口的小镇，由于有了优质的天然港口，因此就有了许多与之相关的配套产业，可以说卡伦堡是一个以工业活动为基础的城市。"

卡伦堡市早期只建造了一座火力发电厂和一座炼油厂。随着年代的推移，卡伦堡的企业也越来越多，后来主要企业开始慢慢相互间交换废料：蒸汽、水以及各种副产品。自 20 世纪 80 年代以来，当地发展部门意识到他们在逐渐地也是自发地创造了一种体系，称之为"产业共生体"。克里斯滕森在解释卡伦堡产业共生体产生的历史原因时如是说："事实上我们是从不足之处开始起步的。因为工业生产需要水，尽管起初需求量不是很大，但它们发展壮大得很快，需水量日益攀升。所以我们开始为他们制订用水计划。此外因为缺水，所以企业必须分享这一资源。而同时用水后就必然会产生废水。紧接着的问题就是我们会因为港口地区的污染太严重而不能满足更多工业的需要。所以我们必须同时'分担'和再利用这些废水，以使工业能够扩大。"

此外，"当20世纪70年代能源危机来临时，能源价格开始上涨，为了更好地使用能源，我们必须采取行动来使有限的资源得到更好的利用。这就产生了企业和地方政府之间的合作。这种合作一直持续到一个联盟自发产生"。

后来，当联合国人类发展报告出来后，丹麦政府也出台了很多新法律，这些法令保证和促使了政府为环境做更多的事情。从那以后，人们开始再利用所有废弃物。所以最初建立这个体系的目的是为了解决问题，动力来自于外部，或者说问题来自于外部。因为工业活动受到了限制，所以有关部门必须采取措施使工业得到扩张。如今，卡伦堡已经有了一个很好的合作体系，即产业共生体。在这个体系里，这种产业化的合作是自发形成的。迄今已有30年历史，它包括了大约20个项目。

2. 卡伦堡产业共生体的组织模式

早期的卡伦堡产业共生体是典型的自主实体共生模式，由五个生产企业、一个废物处理公司和卡伦堡市政府构成。五个生产企业是发电厂（Asnas Power station）、石膏板厂（BPB Gyproc A/S）、制药厂（Novo Nordisk A/S）、酶生产厂（Novozymes A/S）、炼油厂（Statoil A/S），此外还有废物处理公司（Noveren I/S）和卡伦堡市政府，彼此间在互惠互利的商业基础上相互利用废弃物或副产品。

（1）阿斯内斯（Asnas）发电厂是丹麦最大的发电厂，总发电量为

1037MW，该电厂是以煤及燃油作为燃料的火力发电厂，它生产的热能供给卡伦堡市，生产的电并入西兰岛（Zealand）高压电网。它的电量占 Zealand 地区总耗电量的 1/3。该厂为电力公司 Engergy E2 所有，有250 名员工。

（2）诺和诺德（Novo Nordisk）公司是丹麦最大的生物工程公司，也是世界上最大的工业酶和胰岛素生产厂家之一，设在卡伦堡的工厂是该公司最大的分厂，有 1200 名员工。

（3）斯塔托伊尔（Statoil）炼油厂是丹麦最大的炼油厂，始建于20 世纪 60 年代，作为丹麦的第一家炼油厂，年消耗原油 500 多万吨，年产成品油超过 300 万吨。从其成立之日起，生产设备就不断扩大和更新以满足市场变化需求。炼油厂的规模尽管在欧洲来说并不大，但它在2002 年时就能够生产符合 EU2005 标准的汽油，而且所产汽油在尾气排放上更加环保。作为一家极注重能源利用效率的公司，炼油厂在全世界唯一做到了用硫生产液体燃料——硫代硫酸铵。炼油厂目前有员工近300 人，是挪威 Statoil ASA 公司下属的丹麦分公司。

（4）济普洛克（Gyproc）石膏材料公司属瑞典 BPB Gyproc 石膏公司的分公司，BPB Gyproc 是斯堪的纳维亚的石膏板生产中的领头羊企业，其生产的产品是建筑业的主要原材料。年产 140 万平方米的石膏建筑板材主要销售到斯堪的纳维亚的建筑市场。济普洛克石膏厂拥有 165名员工。

（5）诺维信（Novozymes）酶生产公司是世界酶生产的主导公司，占据全球酶市场销售额的 40%。酶被用于许多不同行业，如皮革、洗涤剂、食品等。在许多领域，这些酶取代化学品的使用，可以起到环境清洁剂的效果。全球有 130 多个国家从诺维信公司购买酶。该公司生产厂家分布在瑞士、美国、巴西、中国和丹麦。诺维信作为世界最大的酶生产厂家，在丹麦卡伦堡分厂拥有职员 800 人。酶生产公司一向注重可持续发展理念，在 2002 年道琼斯可持续指数中名列第一。

（6）诺沃恩（Noveren）废物处理公司是一个包括西兰岛9个城市在内的城市废物处理公司。该公司除拥有自己的废物处理厂外，还与其他厂家签约处理废物。废物处理公司在卡伦堡经营一家生活和工业废物转运站，年运转量大约12.5万吨。

（7）卡伦堡市大约有20000名市民，其历史可追溯到北欧海盗时代。由于该市具有条件优良的深水港口及其行业和地理位置优势，目前已拥有许多重要工业企业。

卡伦堡产业共生体企业间的互利协作是基于企业间签订商业合同确立和实施的，而不是靠政府部门的任何专门规定。具体地说，企业的副产品和生产残留物作为一种资源以合同形式提供给伙伴企业。这一过程中，起实质作用的是两个因素：一是两个合作企业都对充分使用工业资源具有共识；二是合作双方确有经济收益，是对利益的追求驱使他们走在了一起。卡伦堡工业共生体的成长过程体现了自主实体共生模式的特点。

3. 卡伦堡产业共生体的运作模式

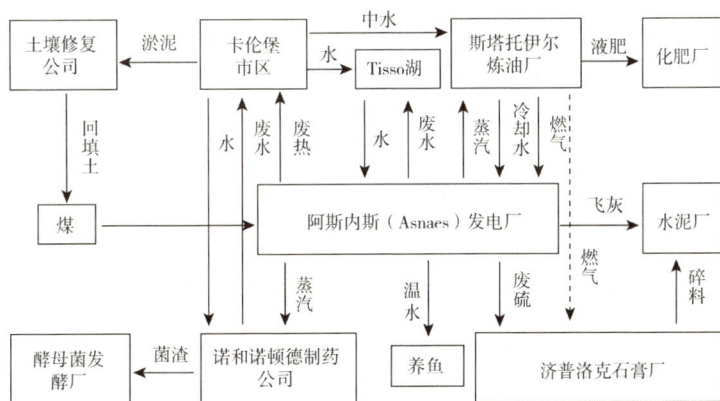

图3-2 卡伦堡产业共生网络

卡伦堡产业共生体最初是围绕阿斯内斯（Asnaes）发电厂发展起来的，随着规模的扩大，斯塔托伊尔炼油厂、诺和诺德制药公司、济普洛克石膏厂等大型企业也进入了该园区，这些企业通过在蒸汽、燃气、飞灰和水等方面的交换形成了平等型工业共生网络，如图。

（1）蒸汽和热力。阿斯内斯发电厂除了为卡伦堡市供热，还为斯塔托伊尔炼油厂、诺和诺德公司等提供蒸汽。这种热量和能量的结合使燃料的利用相比较于各自为政时改进了 30%。卡伦堡市大约有 6500 户家庭从阿斯内斯发电厂获得地区热量，这代替了大约 3500 个烧油渣的炉子，从而减少了大量的烟尘排放。斯塔托伊尔炼油厂从阿斯内斯发电厂获得生产用蒸汽和水。这些蒸汽占到了炼油厂使用蒸汽总量的 15%。炼油厂用这些蒸汽来加热油罐、输油管道，等等。诺和诺德厂则用来自发电厂的蒸汽进行设备的加热和杀菌。此外，阿斯内斯发电厂的一部分冷却水还被输送到一家年产 200 吨鲑鱼的渔场。因为加热过的水更适合鱼的生存。

（2）水。卡伦堡地区以及其中的工业企业都是用水大户。这就是共生的企业寻求水的循环利用最大化的原因。由于在共生体中水得到了最大限度的利用，因此，水资源得到了相当程度的节约。例如，阿斯内斯发电厂就将其总的用水量减少了 60%。以前该发电厂只用地下水来生产能量和热量。而现在地下水被梯索（Tisso）湖的地表水和斯塔托伊尔炼油厂处理过的废水所代替。这些措施使得该发电厂对地下水的使用量减少了 90%。更早的时候，诺维信厂也在需要饮用水质的步骤中使用地下水。现在，一百万立方米的地下水已经被梯索湖的水源所代替。而且，通过共生体内水的循环利用，对湖水的使用也减少了 50%。此外，在卡伦堡市政府的努力下，梯索湖的水质也得到了极大改善，已经达到饮用水的标准。

（3）气体、炼油气和石膏。过剩气体的燃烧是一个炼油厂安全系统的一部分。斯塔托伊尔炼油厂的这一工序已经改变成为一盏常明灯，从而有效利用自身多余的气体。大部分气体则是通过管道被输送到阿斯内斯发电厂和济普洛克石膏厂，用于它们的生产过程。

（4）石膏。阿斯内斯发电厂的脱硫车间是用来从烟道气中脱去 SO_2 的，脱硫又是一项在除去 SO_2 的同时产生副产品石膏的化学过程。为此，发电厂每年可生产 20 万吨的石膏。这些石膏的销售对象是济普洛克石膏板公司，该公司生产建筑用石膏板产品。由于发电厂在生产过程中产生了副产品石膏。从而大大减低了卡伦堡市对天然石膏的进口。同时，发电厂的石膏比天然石膏更加均匀和纯净，很适合石膏板的生产。此外，卡伦堡市政回收站的石膏填充物也被送往济普洛克石膏板公司，从而从一个较小的规模上减少了天然石膏的进口，且减少了固体废弃物填埋厂的数量。

（5）灰烬。阿斯内斯发电厂将飞灰从烟尘中移除，从而每年能生产 3 万吨的灰烬。从奥里油中产生的灰烬在英国的一个工厂中进行循环，从中回收镍和钒。而灰烬又可在水泥工业中进行循环利用，从而使发电厂的废弃物基本实现了零排放。

（6）肥料、诺沃肥。诺维信公司生产的酶产品是建立在土豆面粉、玉米淀粉等原材料发酵的基础之上的。这种发酵过程会使单位面积内产生大约 15 万立方米的固体生物量——即所谓的诺沃肥。同时，9 万立方米液态生物量的诺沃肥也随之生产出来。经过灭活和卫生处理，诺沃肥被大约 600 位的西兰岛西部的农民用作肥料。从而减少他们对商业肥料的需求量。诺沃肥副产品包括有：氮，磷，石灰等。

（7）酵母浆。诺维信厂在生产胰岛素的同时，也为猪提供食物。胰岛素的生产建立在一个以糖和盐为主要成分的发酵过程之上，通过添加酵母转化成胰岛素。加热后，酵母作为残留物，被转化成一种很好的饲料：酵母浆。而在酵母中加入糖水和乳酸菌，更能吸引猪。这些酵母浆替代了传统混合饲料中大约 20% 的大豆蛋白。每年超过 80 万头猪食用了这种饱含酵母浆的饲料。

（8）固体肥料。斯塔托伊尔炼油厂的脱硫车间减少了炼油气中的硫含量，从而使 SO_2 的排放量显著降低。它的副产品是硫代硫酸铵，被用于大约 2 万吨的固体肥料的生产，以满足丹麦每年的消费量。

（9）淤泥。淤泥是卡伦堡市政污水处理厂淤积的主要残留产品。它被用于斯塔托伊尔炼油厂作为生物修复的主要营养物。这样，一个生产过程的废弃物就成为了另一个生产过程中的有用资源。

（10）废水。来自诺维信公司中的制药厂和制酶厂的废水是真正共生关系的一部分：诺维信制酶厂将所有的废水处理到普通居民废水的水平。从该厂出来的处理过的废水被输送到卡伦堡市政府的处理厂进行最终处理。诺维信制酶厂的废水温度较高，便于市政污水处理厂进行处理。在这个合作过程中，环境也是一个受益者，因为最终排入杰母兰德·布吉特（Jammerland bugt）水域的氯含量就很少了。阿斯内斯发电厂的废水同时也排入卡伦堡市政污水处理厂。

（11）其他废弃物。诺沃恩废弃物公司从各个共生的企业中收集废弃物，当然作为回报，各个参与的公司得到了原材料。诺沃恩废弃物公司主要以填埋气为燃料发电。这些电被转卖给电力公司。另外，诺沃恩废弃物公司每年提供大约 5.6 万吨的易燃废弃物以满足大约 6500 户私人家庭的电力需求和地区供暖形式的能源消费。

4. 产业共生效益分析

水资源消费总量：共生企业通过对水的循环利用和水在各个共生伙伴间的循环，每年可减少 25% 的需水量，可节约 190 万立方米的地下水和 100 万立方米的地表水。

油类：共生企业每年油类的消费量减少了 2 万吨，相当于每年减少了 380 吨 SO_2 的排放量，削减主要是通过诺和诺德公司，斯塔托伊尔炼油厂利用了阿斯内斯发电厂排放的蒸汽。

灰：每年阿斯内斯发电厂的煤和奥里油的燃烧产生 8 万吨的灰，它们被用于基础建设和水泥行业，如用来制造水泥或是提取镍和钒。

石膏：每年吉普洛克石膏厂从阿斯内斯发电厂获得 20 万吨的石膏，这占到了公司每年石膏消耗量的大部分，这些石膏代替了在石膏板制作过程中天然石膏的使用。

生物化肥：来自诺维信制酶厂的诺沃肥替代了大约 2 万平方公里的土地上石灰和部分商业肥料的使用。

温室气体的减排：每年减排二氧化碳 17.5 万吨，二氧化硫 1.02 万吨。

废水：诺维信制酶厂，阿斯内斯发电厂和卡伦堡市政府在废水处理方面的合作，相应地减少了对于杰母兰德·布吉特水域的环境压力。

减少资源消耗：每年 4.5 万吨石油，1.5 万吨煤炭。

污泥：污泥处理厂对污泥的循环利用，使得土壤改良公司缩短改良。

其他废弃物：每年诺沃恩废物处理公司可获得：13000 千吨报纸/纸板，经过质量检查后出售给丹麦、瑞典和德国的纸板和纸张消费企业生产新纸和纸板、鸡蛋箱以及诸如卫生部门等所需的托盘。7000 吨碎石和混凝土，压碎和分类后用于不同类型的地面铺设。15000 千吨花园/公园的垃圾，用于该区内土壤的改良。4000 吨来自家庭和公司食堂的生活垃圾，用于堆肥和生产沼气。4000 吨铁和金属，清洗后再出售以循环利用。18000 吨玻璃和瓶子，售给玻璃生产企业。

经济效益：每年可节约资金约 150 万美元，目前卡伦堡已累计节约资金 7000 万到 1 亿美元左右。

3.2.6.2 鲁北国家生态工业园

1. 鲁北国家生态工业园的建立

山东鲁北企业集团总公司（简称鲁北集团）前身是无棣县硫酸厂，现拥有 50 亿元资产、52 个成员企业、7000 名员工，占地 460 平方公里，横跨化工、建材、轻工、电力等 12 个行业，是目前世界上最大的磷铵硫酸水泥联产企业，全国最大的磷复肥基地和全国化肥行业经济效益最好的企业集团。是国家发改委、国家环保部等六部委批复的首批循环经济试点单位，列入国家国民经济"十一五"发展规划纲要，是国家生态工业示范园区，国家首批环境友好企业，国家海洋科技产业基地，国家千家节能试点企业，荣获 2005 中华环境奖、2007 阿拉善 SEE 企业生态奖。

鲁北企业集团创建于 1977 年 8 月。当时，8 名创业者搭起两间黄席棚，在国家发改委、原化工部等政府部门的大力支持下，在极其艰苦的条件下，扎根盐碱荒滩，以 40 万元试验经费，承担了国家"六五"重大科技攻关项目——石膏制硫酸联产水泥技术试验。他们艰苦攻关，历经磨难，磷石膏综合利用新工艺终于取得成功。1997 年，鲁北企业集团开始建设"年产 15 万吨磷铵、副产磷石膏生产 20 万吨硫酸、联产 30 万吨水泥工程"为主体的生态工业园区。磷铵—硫酸—水泥绿色产业链是鲁北独有的可持续发展技术，它在国内外磷复肥行业的技术垄断地位，为企业争得了广阔的发展空间。

当磷铵—硫酸—水泥三产品联产技术攻关刚刚落下帷幕，鲁北集团又盯住了取之不尽、用之不竭的海水资源。鲁北集团建成了与百万吨盐场、5 万亩水面养殖相配套的两座中度卤溴素厂和 6 万吨离子膜烧碱项目，把海水利用到了极致，这条海水"一水多用"产业链使循环经济真正"循环"起来。为解决企业大量用电问题，鲁北集团采用循环流化床锅炉、海水冷却技术，建成 12 万千瓦的热电厂。同时，采用世界先进的离子膜技术，建成年产 12 万吨的氯碱工厂，创建出清洁发电与盐、碱联产生态产业链。

在鲁北集团生态工业共生体系中，仅行业就跨了十二个，经过过程耦合、工艺联产、产品共生等系统创新，最终形成了鲁北循环经济模式。

2. 鲁北国家生态工业园的组织模式

鲁北国家生态工业园是典型的复合实体共生模式。鲁北企业集团总公司是山东省滨州市无棣县唯一一家国有特大型企业，主要成员企业有：

（1）鲁北化工股份有限公司由鲁北企业集团总公司作为唯一发起人，将其核心企业山东鲁北化工总厂的"三四六"分厂（绿色化学PSC厂）和鲁北盐厂所属的溴素厂改组设立，拥有1830名员工，是以化工、建材为主业，以高科技为先导，"产、学、研"结合的全国第一家绿色化工环保企业。鲁北化工主要生产高效磷酸二铵、硫酸、水泥、复合肥料、电力、溴素及溴系列产品等。

（2）鲁北发电有限公司由鲁北企业集团总公司为主投资兴建。鲁北电厂建设分二期进行，其中一期建设装机规模1000MW，二期建设装机规模3000MW，最终形成4000MW发电能力。鲁北电厂与鲁北企业集团现有的生态工业系统实现有机结合：电厂采用海水冷却，海水温度和卤度升高后，送鲁北盐场提溴、制盐；排出的炉渣，送水泥厂作掺加混合材、生产新型墙体材料，锅炉烟气脱硫渣（即石膏渣）用作生产硫酸与水泥的原料。鲁北发电有限公司是全国最大的生态电厂。

（3）鲁北企业集团总公司鲁北盐厂位于无棣县最北部，漳卫新河东侧，是山东鲁北企业集团总公司下属的百万吨现代盐场，主导产品是原盐、溴素及溴系列产品、海产品。

（4）鲁北海生生物有限公司地处山东省无棣县埕口镇，濒临渤海，注册资金1亿元人民币，是由山东鲁北企业集团总公司控股的具有独立法人资格的公司。公司主导产业是氧化铝、盐业及盐化工。

（5）无棣海通盐化工有限责任公司是山东鲁北企业集团总公司下属的具有独立法人资格的新型化工企业，公司拥有总资产5.69亿元，员工570人。主要产品有烧碱、氯气、盐酸。

（6）无棣海星煤化工有限责任公司是山东鲁北企业集团总公司下属的具有独立法人资格的新型化工企业，公司注册资金4500万元，现拥有固定资产1.1亿元，员工500人。主导产业是钛白粉。

（7）无棣海德油化工有限责任公司位于鲁北国家生态工业园东部，

濒临渤海、地处黄河三角洲，近靠黄骅港，于 2002 年 9 月成立。公司现拥有职工 300 余人。海德油化工公司利用当地丰富的石油天然气资源，依托鲁北企业集团总公司现有的技术经济优势，可实现盐化工、氯碱化工与石油化工的有机结合，拓展鲁北新的产业链。

（8）山东海城贸易有限公司是为山东鲁北企业集团服务的产品销售及原料采购等综合性的具有独立法人资格的贸易公司，注册资本 2500 万元，主要经营水泥、化肥、矿石、原煤的采购与销售。这些企业都不同程度的隶属于鲁北集团。除上述企业外，还有近 50 家企业与鲁北集团存在关联关系。由于复合实体共生系统中的各企业都是"一家人"，它们在合作过程中对于基础设施或共用设备的投资、利益的分配以及企业秘密等一些对自主实体共生企业来说敏感的问题，通过集团公司的协调或行政命令轻而易举的就可以解决，这就避免了像自主实体共生系统中那样漫长的谈判或协商过程。

3. 共生效益分析

（1）鲁北国家生态工业园内部基本实现了中间物质或废物的重复利用：

硫酸：在鲁北国家生态工业园的产业链内部，磷石膏制硫酸的年产量为 40 万吨，正好满足 48.17 万吨磷矿石生产 30 万吨磷铵的硫酸需求，系统内部硫酸的生产和需求实现了完全平衡。

磷石膏：在鲁北国家生态工业园的产业链中，制磷铵过程中每年产生磷石膏 72.7 万吨，而生产 40 万吨硫酸需要消耗石膏 89.7 万吨，磷石膏被完全利用，并需要从海水"一水多用"产业链输入盐石膏 17 万吨，系统基本匹配。

二氧化硫：在鲁北国家生态工业园的产业链中，磷石膏煅烧过程中产生的浓度为 1% ~14% 的 SO_2 窑气经两次吸收，99.95% 以上的 SO_2 被用来制硫酸，其余制成液体 SO_2 回用于海水提溴，SO_2 窑气基本实现了循环利用。

氢气：目前氯碱工艺中的氢气年产量为 0.15 万吨，全部用来制取盐酸和合成氨，利用率达 100%。

氯气：CI_2 在系统内部的利用率为 44.34%，实现了部分循环，还有 55.66% 的氯气作为产品直接销往市场。

合成氨：目前合成氨的年产量为 12 万吨，生产磷铵每年消耗氨 4.9 万吨，制复合肥每年消耗氨 8.64 万吨，合成氨的产量不能满足需求，每年需外购氨 1.54 万吨。

（2）经济效益分析：鲁北集团各产业链内部和产业链之间的共生关系总数达 17 个，产生了占总产值 14% 的经济效益，使主要产品成本降低了 30% ~ 50%，对企业产值的增长贡献率达 40%。其科技、经济、社会、生态等综合贡献率高出丹麦卡伦堡生态工业园 8 个共生关系的一倍，每年可产生 2.3 亿元的共生效益。2007 年，鲁北企业集团实现销售收入 158.07 亿元，利润 16.47 亿元，利税 18.01 亿元，分别增长 50.44%、44.03%、43.95%。

（3）资源利用率分析：在鲁北，磷矿石的磷利用率达 97.7%，磷石膏硫的利用率达 89.8%、氟的利用率 99.9%、钙的利用率 98.4%，企业能量利用率 82.5%，余热利用率 71.4%，水循环利用率 91.3%。

3.3 生态效率

3.3.1 生态效率的概念及特征

3.3.1.1 生态效率的概念

"效率"一词在不同的时代有不同的含义。在人类社会经济发展初期，由于经济发展水平较低，环境状况良好，自然资源和生态环境基本上保持原始状态，这阶段经济学的"效率"指的是单纯的市场经济效率。随着人类社会的发展，资源的利用强度加大，生态环境的破坏加重，人类开始认识到衡量经济发展水平不仅要计算经济成本，也要考虑生态成本，这就引发了关于"生态效率"的讨论。

1990 年，"生态效率"（ecological efficiency, eco‐efficiency）一词最早由巴塞尔的研究员 Schaltegger 和 Strum 提出。1992 年的全球峰会上，由世界可持续发展工商理事会（WBCSD）在向联合国环境发展大会提交的《改变航向：一个关于发展与环境的全球商业观念》报告中，试图寻找环境和经济和谐共赢的理念，首次提出了生态效率的概念。世界可持续发展工商理事会（WBCSD）将生态效率定义为："通过创造有价格竞争优势的产品和服务来满足人类的需要以及生活质量的提高，同时将其环境影响和资源利用的强度适配于地球的承载力水平"。这个广义的定义涵盖了福利、竞争、产品使用周期的环境影响、自然资源的使用和环境承载力等诸多方面。1999 年，WBCSD 在生态效率的定义中补充了要达到环境与社会协调发展的目标。随着经济的飞速发展和工业化进程的加快，环境问题愈演愈烈，生态效率概念也逐渐为各种组织和机构接受和认可。依此定义，WBCSD 将其具体化为 7 个要素：

①产品与服务的原材料消耗强度最小化。

②产品与服务的能源消耗强度最小化。

③有毒物质扩散最小化。

④提高原材料的循环利用率。

⑤最大限度地利用可再生资源。

⑥延长产品的使用寿命。

⑦增加产品与服务的服务强度。

欧盟环境署（EEA）把生态效率定义为：从更少的自然资源中获得更多的福利。他们认为生态效率可用于衡量资源使用、污染排放与经济发展的脱钩程度。经济合作与发展组织（OECD）则把生态效率定义为：生态资源用于满足人类需求的效率，仍然属于广义的生态效率范畴，它可被视为"产出/投入"之比，其中"产出"是指一个企业、行业或整个经济体提供的产品与服务的价值，"投入"指由企业、行业或经济体所造成的环境压力。生态经济学者则将生态效率定义为"经济和环境效益的双赢"（王妍等，2009）。

诸大建等学者认为，生态效率是循环经济的合适测度，发展循环经济的目的就是要更有效地提高生态效率（诸大建、邱寿丰，2006）。循环经济的资源输入端可以用生态效率中的资源效率来表示，而废物输出端可以用生态效率中的环境效率来表示。

可见，所有对生态效率的定义和理解，其基本思想是一致的，即在最大化经济价值的同时，最小化资源消耗、污染和废物排放。其中环境的影响包含不同种类、不同层面的独立环境影响，如水资源消耗、二氧化碳排放、二氧化硫排放等。

对生态效率的定义，一般可以表达为：

$$生态效率 = \frac{产品或服务的价值}{环境影响}$$

$$eco-efficiency = \frac{economic\ added\ value}{environmental\ influence}$$

WBCSD 和联合国环境规划署（UNEP）已将这一公示作为生态效率的简要表达式。

3.3.1.2 生态效率的特征

（1）生态效率最核心的内涵是"以少产多"：即使用较少的能源和原料，制造数量更多、品质更好的商品，同时将整个生命周期中产生的废物与污染降至最低。生态效率集产业经济绩效和环境绩效目标于一身，它强调以较少资源投入和较低成本创造较高质量的产品，提供具有竞争力价格的产品和服务，因此代表了企业获得经济效益和环境效益的双赢状态。

（2）生态效率是一种产业经营管理的哲学：生态效率鼓励产业寻求环境改善与经济利益同步发展，通过科学化管理来增强产业的竞争力。对于生态环境而言，符合生态效率的商品能降低环境的污染负荷，更接近可持续发展的目标；就各产业本身而言，使用较少的能源与原料、减少污染生产量，直接意味着生产成本的降低。

（3）生态效率是实现整个社会可持续发展的重要手段和工具："持续改善"让各产业能够根据市场的变化，顾客对环保商品的需要，以及相关环境法规的限制等来调整经营策略，持续增加商品的需求与附加价值，开创新的商业机会，实现持续发展。

（4）生态效率的基础是生态平衡和生态系统的良性、高效循环：生态效率包括很多方面的产业理念，如鼓励各产业防治污染、减少使用天然资源量、减少废物排放量，以及采用先进的清洁生产工艺等。

3.3.1.3　生态效率的发展

从生态效率理念的发展来看，它是与全球可持续发展运动的发展同时进行的，是可持续发展运动的产物。

1992 年，WBCSD 出版的《改变航向：一个关于发展与环境的全球商业观点》（Changing course：a global business perspective on development and the environment）一书指出，企业界应该变长期以来作为污染制造者的形象，努力成为全球可持续发展的重要推动者，要实现该目标，应该提出一个环境和经济发展相结合的新概念——生态效率，以应对可持续发展的挑战。随后，在 WBCSD 的积极推动下，生态效率的理念日趋成熟，不仅成为企业界所倡导的核心理念，其影响力也逐渐扩展到各国政府及其他部门。

1996 年，WBCSD 出版了《提高经济和环境绩效的生态效率领导理念》（Eco - efficient leadership for improved economic and environmental performance）一书，明确将其定义为新的企业经营管理哲学。

1997 年，杜邦公司董事长与 WBCSD 合著了《生态效率：企业与可持续发展的结合》（Eco - efficiency：the business link to sustainable development）一书，书中鼓励企业推动生态效益，也呼吁政府进行税务改革，以促进企业追求生态效率。

1997 年，WBCSD 出版了《环境绩效与股东价值》（Environmental performance and shareholder value）一书，书中说明了金融业应如何通过生态效率来提高财务绩效并推动可持续发展。

1998 年，联合国环境规划署（UNEP）与 WBCSD 联合出版了《清洁生产与生态效率——迈向可持续发展的两个相辅相成的方法》（Cleaner production and eco-efficiency：complimentary approaches to sustainable development）一书。同年，WBCSD 与欧洲环保伙伴联盟（EPE）合作进行了"欧洲生态效率推动计划"（European Eco-efficiency Initiative，EEEI）。此外，OECD 正式出版了生态效率手册，推动会员国政府将生态效率作为施政的基础。

最近几年，生态效率理念被不断丰富、发展和完善。相关专家一直在探讨通过生态效率来推动商业与环境双赢的途径。例如，有学者提出了"成本洞穴引起的隧道效应"，即"如果一个公司向一个有益于环境的产品开发努力，那么结果并不是投资回报的减少，相反却是成本的逐渐回落"；并且指出："世界上最廉价的事情莫过于最大限度地节约资源，而且节约资源的收益会远远超过我们所期望的目标"。1999 年 2 月在世界经济论坛上，经济学家也曾提出了"生态效率：绿就是金"的观点。

人类对环境的压力体现在两个方面：一是消费与生产总量对环境的影响，二是单位生产与消费对环境的影响。生态效率讨论的重点在于后者。生态效率希望在商业目标和环境目标之间建立一种练习，其最终目标是增强企业的经济品质，换言之，就是为社会提供更多的价值，而不是把更多的原材料和能源变为废物。

3.3.1.4　国内外对生态效率的推动

生态效率的概念最初由 WBCSD 积极倡导，随后得到了 OECD、UNEP、APEC（亚太经合组织）等国际组织的大力支持。

1. OECD 的生态效率推动目标及策略

（1）OECD 推动生态效率的模板：OECD 将"增进与各利益相关者的合作，指定用于定量比较的基准并推动可持续发展"作为推动生态效率的目标。

（2）OECD 给政府的建议：OECD 建议政府从以下 4 个方面来制定改善生态效率的政策：

①确定透明化、完善的生态效率指标，作为更广泛的可持续发展指标的一部分。

②分析当前及未来的环境压力，实现符合全球目标的科技、结构及行为上的改进。

③加强 OECD 成员国之间的经验、政策及技术交流。

④研究政策、环境与经济之间的协同效应，推进生态效率的提高。

推动生态效率必须研究开发管理工具，以辨识并选择机会。OECD 推荐的生态效率工具包括：

a. 风险和环境评估。

b. 生命周期评价。

c. 环境管理标准，如欧洲环境管理与审核计划 EMAS 和 ISO14000。

d. 环境审核。

e. 反映潜在成本的财务会计体系。

2. "欧洲生态效率推动计划"（EEEI）

WBCSD 与 EPE 联合制订了"欧洲生态效率推动计划"，以促进欧洲各国政府及工商业向可持续发展迈进。该计划指导委员会由十位代表组成，分别来自欧洲委员会、欧洲环境署、企业、欧洲贸易联盟、环保团体。

EEEI 的目标包括以下两个方面：使生态效率成为全欧洲核心企业的经营思想，将生态效率纳入欧盟的工业与经济政策之中。

此外，EEEI 提出要通过以下三个途径来提高生态效率：

（1）企业应该鼓励最佳务实的经验、技能或科技的应用，建立一套评估环境绩效与报告的体系，并开展新型的合作，加强与各界的对话。

（2）政府应该将环境要求纳入欧盟经济与工业政策，持续促进产业健康发展。

（3）所有的利益相关者应该在每个国家召开圆桌会议或发起联合行动，建立各界的合作伙伴关系或沟通对话渠道。

EEEI推动方法主要包括：对话：建立每一国家内部联系及合作网络，收集各国案例，广泛传播信息，建立各国圆桌会议或每一国家内部各界的联合推动工作；建立国际合作网络，设立生态效率奖，发起自发性成果报告倡议，鼓励企业实行标准化生态效率指标。

EEEI倡导的企业行动纲领重点包括：通过案例汇编对企业的实践经验进行交流；发展及应用绩效评估；采用持续改善的环境管理系统；与供应商建立可持续的合作与对华关系；与顾客及使用者进行对话，建立可持续发展需求方面的机制。

由于欧洲议会在审核第五次环境行动计划时，已经提出"针对可持续产业的发展，应将生态效率融入进来，以建立可操作性的政策"，因此EEEI在政府部分的行动纲领重点中，建立了几点切实可行的方案：通过供应商来推动绿色采购计划；实施整合型产品政策（IPP），包括可持续生产及消费的问题；解决就业等相关问题，包括进行环境政策与就业政策之间的互补，促进新兴产业的科技发展，扩大最佳技术的应用范围，评估就业效应等。

近年来，中国生态效率的研究也取得了很大进展，在介绍引进国外先进概念和理论方法的基础上，初步形成了一些适合中国国情的理论和方法。目前研究的热点是如何将生态效率的理论和方法应用于区域循环经济建设，相关学者以生态效率为基础，建立了循环经济的评价指标体系，如诸大建等人通过对中国宏观经济层面生态效率的情景分析，提出了适合中国的循环经济发展模式。

在区域层次上不断深入研究的同时，将生态效率应用于企业层次的理论和实践也得到了较快发展。一些学者提出了中国企业实施生态效率的设计思路，并建立了切实可行的评价指标体系。

3.3.2 生态效率评价的指标体系

3.3.2.1 生态效率评价的基本原则

生态效率指标的选择必须遵循一些基本原则，这些原则可以使不同产业选择的指标符合科学性、关联性、正确性和实用性的要求。生态效率指标选择的基本原则包括：

（1）指标必须与保护环境、人类健康及改善生活品质相关，且具有重要意义：生态效率的主要目标是改善各产业提供给社会的产品和服务的环境绩效，同时不断改进企业的环境绩效。

（2）指标能促使决策者改善产业的环境行为：建立生态效率指标的最终目的是帮助改善产业的环境，主要是帮助管理者有效地减少生产过程中的资源使用或环境负担，并通过改善产品的性能来改善其生态效率。生态效率指标可以被各产业管理者以外的人员使用，如利益相关者与金融机构可以应用生态效率指标来提醒决策者关注产业的经济风险和环境效益。

（3）指标能体现各产业的差异性：选择指标的最大挑战是各产业的实际情况不同。例如，化学药品生产企业环境绩效的相关因素与汽车生产企业就有很大不同。设置适用于所有产业的"万能"指标只能是美好的愿望。因此，应根据企业实际的经营活动，以及产品的环境特点来确定具体指标。

（4）指标评测与监控基准：改善各产业活动或产品的生态效益，必须关注不同过程或产品数据的收集，并保证信息的有效性。指标必须考虑测量的可重复性、数据的代表性和可比性，以及与相关基准或标准的兼容性。

（5）指标必须可量化或易判断（估算）：为了能有效地指导政策的制定，指标界定必须明确，且可以直接度量或依据明确规定的判断/估算方法进行计算。此外，度量指标的界定方法和范围必须有利于数据的收集和处理。

（6）指标应让使用者易于理解：要保证产业管理者和外部的利益相关者（如股东等）都可以清楚理解相关指标，因而指标不能太复杂；要仔细考虑不同过程或产品数据的组合，让应用或参考这些指标的人员一目了然。

（7）指标应着眼于对产业的总体评估，着眼于物质和能量的减量化：指标应涉及原材料选择、自然资源利用、产业运行组织、产品特性以及产品销售等内容。

（8）指标必须考虑经营过程，以及产品上游（供应者）和下游（使用/消费者）相关的问题：除了要关注企业能直接控制和影响的过程外，也要关注原材料生产中的生态效率等问题，当然，这些因素应与那些直接由企业控制的过程区别对待，因为要考虑到单独一个机构难以对上游或下游相关的方面进行全面控制。

3.3.2.2 生态效率评价的指标体系

企业业绩的考核主要涉及环境和经济两类指标。目前存在的主要问题是对环境绩效的考核偏弱，而且与经济绩效存在脱钩现象。由图 3 - 3 可见，生态效率指标应该将环境绩效指标与经济指标很好地结合起来，以充分反映和适当评价企业的财务和环境效益。

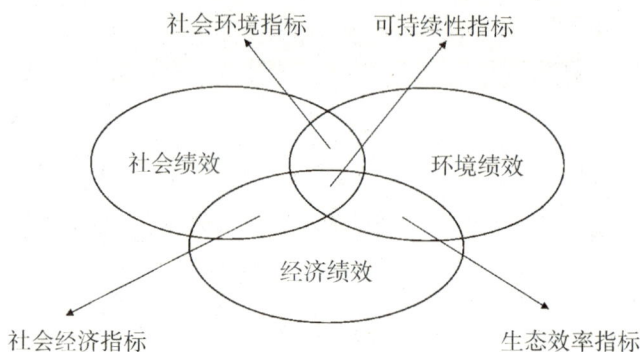

图 3 - 3　生态效率示意图

　　生态效率是实现财务业绩和环境绩效相结合的一种有效方法，它可以预测环境问题及其对未来财务业绩的影响，可以帮助投资者做出更好的投资决策。然而，建立一套普适的生态效率指标并非易事。通常，各行业因其特性不同，其生态效率评估方式也会有所不同。许多政府、研究机构和企业都已经开展了此方面的研究，WBCSD 制定了一套生态效率评价指标体系。

　　尽管生态效率是一组度量可持续发展的非常好的指标，但是用该指标来度量地区可持续发展时仍旧存在局限性，特别是对于经济快速发展的国家来说。生态效率指标的变化指明了发展方向，但是却没有完全表现出整体环境状况。按照前文中对于生态效率的定义，生态效率是一个比值，考虑的是经济发展与生态消耗之间的关系。但是在一个快速发展的经济中，例如中国，经济的发展速度可能比生态环境的改善速度（或者恶化速度）要快得多，从而造成一种假象：生态效率提升了。这意味着该地区的生态环境可能更加趋于恶化了，但是却不能通过生态效率指标反映出来（王玉涛，2011）。为了更为准确地测算生态效率，数据包络分析（Data Envelopment Analysis，DEA）和脱钩指数（Decoupling indicator）常被用来进一步分析生态效率的变化情况，以下章节会进一步介绍这两种方法。

3.4 基于生态效率的数据包络模型

3.4.1 研究现状

关于生态效率的计算及评价方法，都是以经济–环境比值法为出发点，从不同的研究角度进行拓展，目前使用较为广泛的方法是将经济–环境比值法与数据包络分析（Data Envelopment Analysis，DEA）综合运用。以往对环境影响评价的方法中，需要对各类环境影响因子赋以权重，而常用的赋权方法无法避免确定权重时的主观因素，DEA则能很好地减少主观因素。同时，DEA方法本身的优势还在于，可以研究多投入、多产出的问题，且无须考虑投入与产出之间的函数关系，对同类型的部门或单位进行相对有效性或效益评价（Charnes et al.，1978）。

（Färe et al.，1989）首次提出的基于DEA的环境效率评价方法，已经成为环境领域的重要研究方向。在早期的研究中，学者们较多地使用DEA经典模型CCR（规模报酬不变）和BCC（规模报酬可变），如荷兰及芬兰的学者利用DEA的两个经典模型分析芬兰三个城市的公路交通的生态效率（Kuosmanen & Kortelainen，2005）；杨斌（2009）使用经典模型研究2000年至2006年我国区域生态效率（牛苗苗，2012）对我国煤炭产业的生态效率进行评价。随着对DEA方法的开发和改进，学者们开始结合计量经济学方法将DEA模型拓展为多阶段模型，以此分析区域环境效率的影响因素（Ang & Chen，2016；Valadkhani et al.，2016；陈浩等，2015）。例如，汪东、朱坦（2011）采用DEA模型，并结合删截正态回归模型（Tobit模型）分析了中国30个省市从2003年至2008年的面板数据，并重点研究了四类影响因素，包括研发投入强度，利用外资，工业结构和环境治理。此外，对于DEA衍生模型的研究也在不断拓展。付丽娜等（2013）利用超效率 DEA 模型结合 Malmquist 生产率指数和 Tobit 模型，分析了长株潭城市群的可持续发展水平。

在生态环境效率评价中，一个重要的环节是如何将非期望产出从产出指标中剥离出来。经典的模型依赖的一个基本的假设认为，DEA 的相对效率评价思想要求投入必须尽可能地缩减而产出必须尽可能地扩大，即满足以最小的投入生产尽可能多的产出。但是在现实生产过程并非如此，一些生产过程带有明显的副产品，其中很多是我们所不期望生产的产品（如对生态环境的污染），称为"非期望产出（undesirable output）"，这些非期望产出必须尽可能地减少才能实现最佳的经济效率。而传统的模型违背了效率评价的初衷，所以对于非期望产出的处理显然不再适合，需要对模型进行改进。此外，DEA 模型从其发展和度量办法上可分为四种类型：径向和角度的、径向和非角度的、非径向和角度的、非径向和非角度的。径向是指投入或产出按等比例缩减或放大以达到有效，角度是指投入或产出角度。传统的模型大都属于径向和角度的度量，因此不能充分考虑到投入产出的松弛性问题，度量的效率值也因此是不准确或有偏差的。Tone（2003）提出了解决这一问题的非径向和非角度的 SBM（Slacks-Based Measure）模型，SBM 模型与传统和模型的不同之处在于它以优化松弛变量为目标函数，一方面解决了投入产出松弛性问题，另一方面也解决了非期望产出存在下的效率评价问题。

目前，学者们在生态环境绩效评价中逐渐开始使用非径向和非角度的 SBM 模型，该方法能够避免传统模型中由于径向和投入产出角度的选择所引起的计算偏差，又可以区分产出指标中的非期望产出（如废气、废水等）与期望产出（如经济增长等），兼顾了环境污染的负外部效益，更加符合污染治理的实际情况（Arabi et al.，2015）。例如，Sueyoshi & Yuan（2015）将细颗粒物（PM2.5 及 PM10）作为非期望产出，使用 SBM 模型测度了中国主要区域的资源环境效率。刘巍等

（2012）利用四种 DEA 模型研究了 24 家综合类国家生态工业示范园区的生态效率，并比较了四种模型评价结果的差异，其使用的模型包括非期望产出作投入法、非期望产出取倒数法、方向距离函数法和基于松弛测度的 SBM 模型。潘丹、应瑞瑶（2013）对中国 30 个省份的农业生态效率进行了测算，并给出了农业生态效率的改善途径。胡彪等（2015）利用非期望产出 SBM 模型评价城市生态文明建设的效率，结论得出天津市的生态文明建设效率较好，但产业结构布局不合理是拉低其生态文明效率的主要原因。

此外，为追踪区域环境效率在一定时期内的变化，曼奎斯特指数（Malmquist Index）常被用来配合 DEA 模型计算跨期生产率的变化情况。Malmquist 指数最早是由瑞典经济学和统计学家 Sten Malmquist 作为一种消费指数在 1953 年提出，当时他用该指数分析不同时期的消费变化。1982 年，Caves、Christensen 和 Diewert 等人将 Malmquist 指数应用到生产率评价领域，首次提出了曼奎斯特生产率指数（Malmquist Productive Index，MPI）。1994 年，Fare、Grosskopf 和 Norris 等人给出了一种理论的非参数的线性规划算法，应用 Shephard 的距离函数（Distance Functions）将全要素生产率增长（Total Factor Productivitychange）分解为技术变动（Technical Change）与技术效率变化（Technical Efficiency Change）两个指标，使得曼奎斯特生产率指数得以广泛应用。在 Malmquist 指数的基础上，Y. H. Chung 等学者提出了方向性距离函数和 Malmquist – Luenberger 指数法（Chung et al.，1997），该方法同时衡量了期望产出与最大期望产出的差距以及非期望产出与最小非期望产出的差距，因此可以按照决策者的意愿设定效率改进的方向，具有很大的实用性。Baris. K 运用基于方向距离函数的 Malmquist – Luenberger 指数法衡量了 OECD 国家的考虑污染的生产力增长状况（Yörük & Zaim，2005）。胡鞍钢等学者运用方向距离函数法对考虑环境因素下的省级技术效率进行了重新排名（胡鞍钢等，2008）。杨俊和邵汉华运用

Malmquist – Luenberger 指数法对环境约束下的中国省级工业增长状况进行了分析（杨俊、邵汉华，2009）。在生态环境效率评价领域，Malmquist 指数（不考虑非期望产出）和 Malmquist – Luenberger 指数（考虑非期望产出）常被用来配合 DEA 模型计算跨期的动态全要素生产率，通过对比两类指数来反映环境治理的政策是否在生产率的提高中起到作用。王燕、谢蕊蕊（2012）对我国区域工业效率和绿色全要素生产率进行了考察，对区域之间考虑环境因素和不考虑环境因素的全要素生产率进行了比较，研究发现不考虑能源环境约束时过高地估计了我国工业经济的增长，另外，东部地区工业不仅在经济方面领先于中部和西部地区，在污染治理的效率方面也领先于中西部。

3.4.2　基于非期望产出的 SBM 模型

本项研究的研究对象为造纸产业，对该产业的生态效率评价必然要考虑各项非期望产出，因此，本项研究重点将选用 SBM 模型对造纸行业的生态效率进行评价。假设有 K 个决策单元，每个决策单元有 N 种投入 X，M 种期望产出 Y 和 I 种非期望产出 U，则 DEA 模型的一般形式为：

Min

subject to

$$\sum_{k=1}^{K} z_k x_{nk} \leq \theta x_{n0}, \quad n = 1, 2. \cdots, N;$$

$$\sum_{k=1}^{K} z_k y_{mk} \leq y_{m0}, \quad m = 1, 2, \cdots, M;$$

$$\sum_{k=1}^{K} z_k u_{mk} \geq u_{i0}, \quad i = 1, 2, \cdots, I;$$

$$\sum_{k=1}^{K} z_k = 1;$$

$$z_k \geq 0;$$

$$\theta \leq 1. \tag{1}$$

式中，θ 为要计算的生态效率值，其取值范围为 0 ~ 1，当 $\theta = 1$ 时表示决策单元生态效率完全有效；x_{n0}，y_{m0}，u_{i0} 分别表示决策单元的投入、期望产出和非期望产出值向量；z_k 表示决策单元 $l = 1$，$\cdots$，K 的权重, z_k 的和为 1 以及非负表示为可变规模报酬的 DEA 模型，若去掉和为 1 的约束，则表示不变规模报酬的 DEA 模型。

上述 DEA 模型存在一定的弱点，其本质上仍属于径向的和角度的 DEA 度量方法。径向 DEA 度量方法会造成投入要素的"拥挤"或"松弛"问题。当存在投入或产出的非零松弛时，径向 DEA 模型会高估评价对象的生产率。而角度的 DEA 模型仅关注投入角度或者产出角度的某一个方面，因此计算的生产率结果并不准确。因此要对上述模型进行改进，克服径向和角度 DEA 模型的缺陷，改进后的 SBM 模型的形式为：

$$\rho = \min \frac{1 - \dfrac{i}{N}\sum_{n}^{N} = 1\dfrac{5\frac{x}{y}}{x_{m0}}}{1 + \dfrac{1}{M+1}\ (\sum_{m}^{M} = i\dfrac{5_{m}^{y}}{y_{m0}}\sum_{i}^{l} = i\dfrac{5_{i}^{u}}{u_{i0}})} \tag{2}$$

subject to

$\sum_{k}^{K} = 1 z_k x_{nk} + s_n^x = x_{n0}, \ n = 1, \ 2, \ \cdots, \ N;$

$\sum_{k}^{K} = 1 z_k y_{mk} - s_m^y = y_{m0}, \ m = 1, \ 2, \ \cdots, \ M;$

$\sum_{k}^{K} = 1 z_k u_{mk} + s_i^u = u_{i0}, \ i = 1, \ 2, \ \cdots, \ 1;$

$\sum_{k}^{K} = 1 z_k = 1;$

$z_k \geqslant 0; \ s_n^x \geqslant 0; \ s_m^y \geqslant 0; \ s_i^u \geqslant 0.$

式中，s_n^x 和 s_i^u 分别表示投入和非期望产出的过剩（冗余），而 s_m^y 代表期望产出的不足；ρ 为要计算的生态效率值，其取值范围为 $0 \sim 1$。当 $\rho = 1$ 时，表示生产单元完全有效率，此 $s_n^x = s_i^u = s_m^y = 0$ 时，即不存在投入和非期望产出的过剩以及期望产出的不足；当 $\rho < 1$ 时，表示生产单元存在效率损失，可以通过优化投入量和产出量来改善生态效率。

从式（2）中可以看出：不同于传统的 DEA 模型，SBM 模型将投入和产出的松弛量（s_n^x、s_i^u、s_m^y）直接放入目标函数中，从而可以直接测量松弛所带来的与最佳生产前沿相比较的无效率，这一方面解决了传统 DEA 模型中投入和产出松弛性的问题，剔除松弛所造成的非效率因素；另一方面也解决了非期望产出存在下的生产率评价问题。同时非径向、非角度的 SBM 模型具有无量纲性和非角度的特点，能够避免量纲不同和角度选择的差异带来的偏差和影响，比起其他模型更能体现生产率评价的本质。

SBM 模型不仅能测算出各个决策单元的生态效率值，还能得出特定决策单元与最优决策单元相比较的期望产出不足率和投入、非期望产出冗余率，从而为各地区提供相应的生态效率改善方向。当生产单元存在效率损失（即 $\rho < 1$）时，基于松弛变量 s_n^x、s_i^u、s_m^y，可以将生态效率损失的来源分解为：（1）投入冗余 $IE_x = \frac{1}{N} \sum_{n=1}^{N} \frac{s_n^x}{x_{n0}}$，表示投入要素的可缩减比例；（2）期望产出不足 $IE_y = \frac{1}{M+1} \sum_{m=1}^{M} \frac{s_m^y}{y_{m0}}$，表示期望产出的可扩张比例；（3）非期望产出冗余 $IE_u = \frac{1}{M+1} \sum_{i=1}^{l} \frac{s_i^u}{u_{i0}}$，表示非期望产出的缩减比例。

3.4.3 Malmquist – Luenberger 指数

假设有 N 个 DMU，每个 DMU 以 M 种投入生产 S 种期望产出和 W 种非期望产出。投入用 M * 的向量 x 表示，期望产出用 S * 的向量 y 表示，非期望产出以 W * 的向量 b 表示，在不考虑非期望产出时，技术集合被定义为：

$$S = \{ (x, y), x 能生产出 y \}, \tag{3}$$

产出集合可以定义为：

$$p(x) = \{ y: x 能生产出 y \}, \tag{4}$$

定义在产出集合 P (x) 上的距离函数为：

$$D_0(x, y) = inf \left\{ S: \left(\frac{y}{S} \right) \in p(x) \right\}, \tag{5}$$

此时，以产出为导向的技术效率为：

$$TE_0 = D_0\ (x,\ y)\ . \tag{6}$$

按照 Fare 等人提出的算法模型，为了进一步衡量跨期的动态生产效率，可以考察两个相邻时期生产率变化的 Malmquist 生产力变动指数方法，将 t 到 t + 1 期（t = 1，2，…，T）的产出导向 Malmquist 生产力指数定义为：

$$M_t^{t+1} = \left[\frac{D_0^t\ (x^{t+1},\ y^{t+1})}{D_0^t\ (x^t,\ y^t)} \times \frac{D_0^{t+1}\ (x^{t+1},\ y^{t+1})}{D_0^{t+1}\ (x^t,\ y^t)}\right]^{\frac{1}{2}}, \tag{7}$$

该 Malmquist 生产力指数（简称为 M 指数）可以分解为技术效率变化指数（MEFFCH）和基数进步变化指数（MTECH）的乘积：

$$M_t^{t+1} = MEFFCH_t^{t+1} \times MTECH_t^{t+1}, \tag{8}$$

其中，

$$M_t^{t+1} = MEFFCH_t^{t+1} = \frac{D_0^{t+1}\ (x^{t+1},\ y^{t+1})}{D_0^t\ (x^t,\ y^t)}, \tag{9}$$

$$MTECH_t^{t+1} = \left[\frac{D_0^t\ (x^{t+1},\ y^{t+1})}{D_0^{t+1}\ (x^{t+1},\ y^{t+1})} \times \frac{D_0^t\ (s^t,\ y^t)}{D_0^{t+1}\ (x^t,\ y^t)}\right]^{\frac{1}{2}}. \tag{10}$$

在上述方法的基础上，为了能同时衡量期望产出增加和非期望产出减少时的效率情况，Shephard 提出了方向性距离函数的概念，计算方法如下：

在同时考虑期望产出和非期望产出时，有以下公式：

$$D_0\ (x,\ y,\ b)\ = \inf\ \{\theta:\ (\ (y,\ b)\ /\theta)\ \in p'\ (x)\}, \tag{11}$$

其中 P'（x） = {y：能生产出（y，b）} 为同时考虑期望产出和非期望产出时的产出集合。

在公式（5）中纳入方向向量 g_y 和 g_b，则形成方向距离函数：

$$\vec{D}_0\ (x,\ y,\ b;\ g_y,\ g_b)\ = \text{Max}\ \{\beta:\ (y + \beta * g_y,\ b - \beta * gb)\ \in p'$$

（x）}. (12)

这里假定期望产出和非期望产出按照相同的比例扩张和收缩，就是期望产出增长和非期望产出减少的比例。其中 $\beta * g_y$ 代表期望产出增加的数量，$\beta * g_b$ 代表非期望产出减少的数量。此时，由方向距离函数可以得到包含非期望产出的技术效率为：

$$TE = \frac{1}{1 + \vec{D}_0^t \ (x^t, \ y^t, \ b^t; \ y^t, \ -b^t)}. \tag{13}$$

在同时考虑期望产出和非期望产出的情况下，我们就可以用方向距离函数替代产出距离函数来衡量全要素生产率，改进后的指数即为 Malmquist – Luenberger 生产力指数（简称 ML 指数）：

$$ML_t^{t+1} = \left[\frac{(1 + \vec{D}_0^{t+1} \ (x^t, \ y^t, \ b^t; \ y^t - b^t))}{(1 + \vec{D}_0^{t+1} \ (x^{t+1}, \ y^{t+1}s^{t+1}, \ y^{t+1}, \ -b^{t+1}))} \times \right.$$

$$\left. \frac{(1 + \vec{D}_0^t \ (x^t, \ y^t, \ b^t, \ -b^t))}{(1 + \vec{\div}_0^t \ (x^{t+1}, \ y^{t+1}, \ b^{t+1}, \ y^{t+1}, \ -b^{t+1}))} \right]^{\frac{1}{2}}. \tag{14}$$

ML 指数同样可以分解为技术效率变化指数（$MLEFFCH$）和技术变化指数（$MLTECH$）：

$$ML_t^{t+1} = MLEFFCH_t^{t+1} \times MLTECH_t^{t+1}, \tag{15}$$

$$MLEFFCH_t^{t+1} = \frac{1 + \vec{D} \ (x^t, \ y^t, \ S^t; \ y^t, \ -b^t)}{1 + \vec{D}_0^{t+1} \ (x^{t+1}, \ y^{t+1}, \ b^{t+1}, \ y^{t+1}, \ -b^{t+1})}, \tag{16}$$

$$MLTECH_t^{t+1} = \left[\frac{(1 + \vec{D}_0^{t+1} \ (x^t, \ y^t, \ b^t; \ y^t - b^t))}{(1 + \vec{D}_0^{t+1} \ (x^t, \ y^t, \ b^t; \ y^t - b^t))} \times \right.$$

$$\left. \frac{(1 + \vec{D}_0^{t+1} \ (x^{t+1}, \ y^{t+1}s^{t+1}, \ y^{t+1}, \ -b^{t+1}))}{(1 + \vec{D}_0^{t+1} \ (x^{t+1}, \ y^{t+1}s^{t+1}, \ y^{t+1}, \ -b^{t+1}))} \right]^{\frac{1}{2}}. \tag{17}$$

3.5 脱钩指数

如何科学、定量地评价循环经济的发展水平是当前循环经济研究的热点和难点之一，许多学者都在对其进行积极的探索和研究。生态效率概念提出后，由于其目标及内涵与循环经济的高度一致性，以及易于量化的特征，使其成为衡量和评价循环经济发展水平的核心标准。

目前，生态效率在循环经济评价中应用最为广泛的方式就是"脱钩"分析。所谓"脱钩（decoupling）"，是指 20 世纪七八十年代，工业发达国家陆续发现经济增长与物质消耗呈反方向发展的现象，即经济增长而物质消耗下降的现象。但是，通过对随后更长一段时期实际数据的研究，人们发现经济增长与物质消耗又会重新回到同向发展阶段，即经济增长的同时物质消耗也增长，并称之为"复钩"现象。在环境经济领域，资源消耗量和废物排放量总是与经济总量"挂钩"的，甚至前者与后者是同步增长的。人们努力的方向是尽可能让它们二者"脱钩"，哪怕是部分地脱钩，也比同步增长好，因为只有这样才能把资源节约和环境保护工作做得更好。因此，近些年来，"脱钩"问题就成了实施可持续发展战略方面的一个热点话题（陆钟武等，2011）。

"脱钩"理论对循环经济发展产生了深远的影响。工业化国家"脱钩"现象的出现，使得人们相信物质消耗最终会不断降低。受到"脱钩"理论的鼓舞，以 Weizsaecker 为代表的"罗马俱乐部"科学家于 20 世纪 90 年代正式提出了"四倍因子"全球资源革命的目标，指出可以借助技术进步，在将资源使用量减少一半的同时将社会福利增长一倍，从而最终将资源的生产率提高四倍，可以在保障经济增长的同时使环境质量优于现状。此外，Schmidt - Bleek 也提出了实现将资源生产率提高十倍的"十倍因子"理论。

德国 Weizsaecker 教授的四倍因子理论的计算依据是，按 1995 年的数据，占全世界总人口 20% 的富人（指发达国家的人口），每年消耗全世界 82.7% 的能源和资源，而其他 80% 的人口每年消耗的能源和资源占世界总消耗量的 17.3%。为了能够保持发达国家已有的高质量生活方式，同时又消除贫富差异，必须采取技术措施，将现有的资源和能源效率提高四倍。Weizsaecker 教授提出四倍因子理论的初衷是消除社会的贫富差距，实现各国平等、和平的发展。他认为，在经济活动和生产过程中，通过采取各种技术措施，可以将能源消耗、资源消耗降低一半，同时将生产效率提高一倍。这样，在同样能源消耗和资源消耗的水平上，得到了四倍的产出。1994 年，Schmidt - Bleek 教授提出了十倍因子理论，认为必须继续减小全球的物质流量，在一代人之内将资源效率提高十倍，才能使发达国家保持现有的生活质量，逐步缩小国与国之间的贫富差距，而且可以让子孙后代能够继续生存。

　　脱钩指数可以从环境主方程（Master Equation）进行推导。环境主方程是被广泛用来反映人口对环境影响的工具。$I = P \times A \times T$，其中 I 是环境影响或环境负荷，P 是人口，A 是人均 GDP（富裕程度），T 是单位 GDP 的环境影响或环境负荷（Ehrlieh、Holdren，1971）。由于地球环境压力主要由于人口数量已经高于人们渴望得到的生活水平，主方程虽然在形式上简单，但是很好地表述了这种环境压力与人口、经济、技术之间的关系，在指导环境保护的过程中发挥了重要的作用。从环境主方程中看出，在近期内，由于人口增长以及发展中国家的经济发展潜力，其中两个变量 P 和 A 都不可避免地将要继续增长，因此，能否实现人类社会的可持续发展，T 将是关键所在，T 可以看作生态效率的倒数，也就是说，提高生态效率水平是实现可持续发展的关键。（陆钟武等，2011）根据 IPAT 方程分别推导出资源脱钩指数和排放脱钩指数，并进行了多国间生态效率对比的实证研究。脱钩指数的形式如下：

$$D = \frac{t}{g} \times (1 + g) \tag{17}$$

　　其中 D 是脱钩指数，t 为同期内单位 GDP 环境负荷的年均下降率（下降时 t 为正值，升高时 t 为负值），g 为从基准年到其后第 n 年 GDP 的年均增长率（增长时 g 为正值，下降时 g 为负值）。按照脱钩指数 D 值的大小，可将资源消耗、污染排放与 GDP 的脱钩程度分为 3 个等级：绝对脱钩、相对脱钩和未脱钩。表 3 - 4 显示了在经济增长和下降的不同情况下，如何根据脱钩系数进行脱钩状态的判断。另外，在 GDP 增长的情况下，当 D > 1 时，D 值越大，表示资源消耗和污染排放越少。

表 3-4 不同脱钩状态下的脱钩指数 D 值 (陆钟武等，2011)

脱钩状态	经济增长情况下	经济下降情况下
绝对脱钩 (Absolute decoupling)	D≥1	D≤0
相对脱钩 (Relative decoupling)	0 < D < 1	0 < D < 1
未脱钩 (Non - decoupling)	D≤0	D≥1

4 造纸产业

4.1 造纸产业发展现状

4.1.1 造纸产业的总体情况

造纸产业在国民经济中具有极其重要的地位，是与国民经济发展、社会文明进步息息相关的重要产业。纸工业不仅是重要的基础原材料产业，而且是重要的生活必需品。同时，造纸产业是在林业和农业生产产业链中增值作用最大、增值效果最明显的产业，是产业链中最具价值的一环。造纸产业具有资金密集、技术含量高、产业关联度大，对国民经济其他产业具有明显的拉动作用（钱桂敬，2014）。我国造纸产业起步晚但发展快，2009 年纸和纸板的生产量和消费量首次超过美国，居世界首位，且至今仍保持此水平。目前，我国已成为全球纸及纸板最大生产国，中国造纸产业正进入行业增长快车道。"十三五"期间，造纸产业亦面临产业转型的任务和压力。第一，要严格控制产量总量和新增产能，淘汰落后产能，提高产业集中度。第二，提高自主创新、提高技术水平和技术能力，推进清洁生产，进而提升资源利用效率，降低对资源环境的影响。第三，优化产业结构，调整产品结构，加快产业升级的步伐。

4.1.2 纸及纸板的生产和消费

《中国造纸工业 2015 年度报告》指出，2015 年全国纸及纸板生产企业约 2900 家，全国纸及纸板生产量 10710 万吨，较上年增长 2.29%。消费量 10352 万吨，较上年增长 2.79%（如图 4 – 1 所示），人均年消费量为 75 千克（13.75 亿人）。主要产品包括未涂布印刷书写纸、箱纸板、瓦楞原纸等十种产品类型。

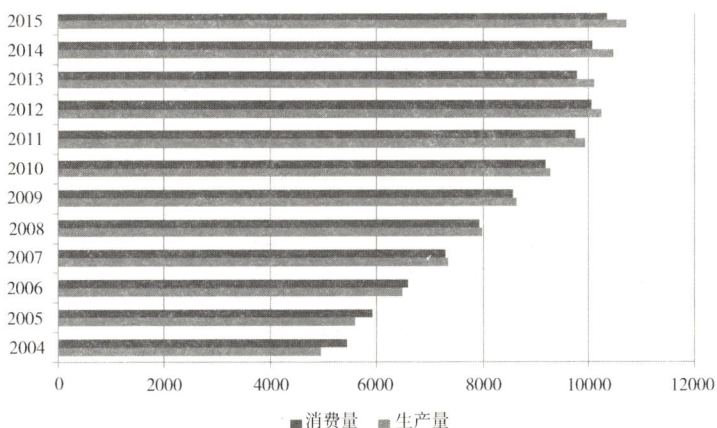

图 4 – 1   2004—2015 年纸及纸板生产和消费情况（单位：万吨）。

数据来源：《中国造纸工业 2015 年度报告》

4.1.3 纸浆生产和消耗情况

在纸浆生产方面，2015 年全国纸浆生产总量 7984 万吨，较上年增长 0.98%。其中，木浆 966 万吨，较上年增长 0.42%；废纸浆 6338 万吨，较上年增长 2.41%；非木浆 680 万吨，较上年增长 – 9.93%。图 4 – 2 显示了我国国产纸浆消耗情况。

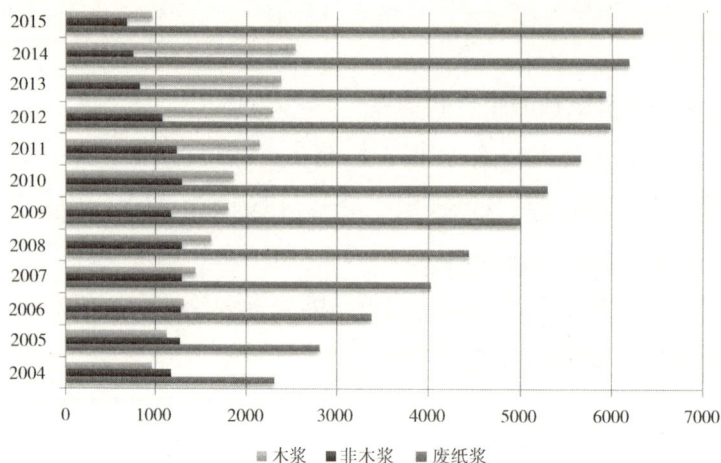

图4-2 2004—2015年国产纸浆消耗情况（单位：万吨）

数据来源:《中国造纸工业2015年度报告》

在纸浆消耗方面，2015年全国纸浆消耗总量9731万吨，较上年增长2.60%。图4-3显示了2006—2015年纸浆消耗的总体情况。

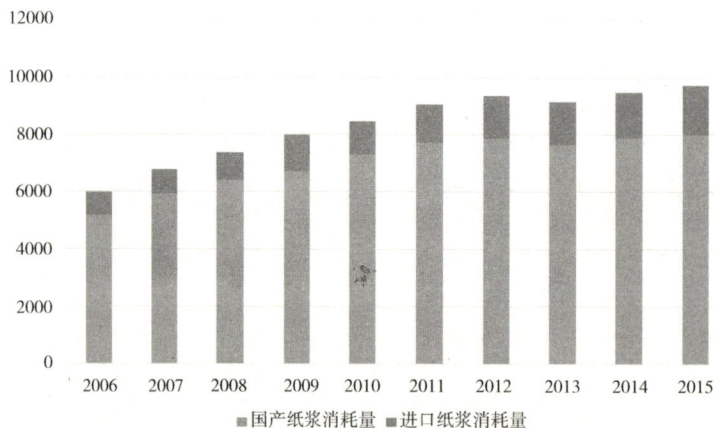

图4-3 2006—2015年纸浆消耗的总体情况（单位：万吨）

数据来源:《中国造纸工业2015年度报告》

木浆 2713 万吨，占纸浆消耗总量 28%，其中进口木浆占 18%、国产木浆占 10%；废纸浆 6338 万吨，占纸浆消耗总量 65%，其中进口废纸浆占 25%、国产废纸浆占 40%；非木浆 680 万吨，占纸浆消耗总量 7%，其中稻麦草浆占 3.1%、竹浆占 1.5%、苇（荻）浆占 1.0%、蔗渣浆占 1.0%、其他非木浆占 0.4%。

4.1.4 纸制品生产企业经济类型与规模结构

2015 年全国规模以上纸制品生产企业 3898 家，国有及国有控股企业 40 家，占 1.03%；"三资"企业 629 家，占 16.14%；集体及其他企业 3229 家，占 82.84%。在纸制品生产企业主营业务收入总额中，国有及国有控股企业占 0.86%；"三资"企业占 24.72%；集体及其他企业占 74.42%。在利税总额中，国有及国有控股企业占 0.76%；"三资"企业占 29.51%；集体及其他企业占 69.73%。在利润总额中，国有及国有控股企业占 0.61%；"三资"企业占 30.74%；集体及其他企业占 68.65%（如图 4-4 所示）。

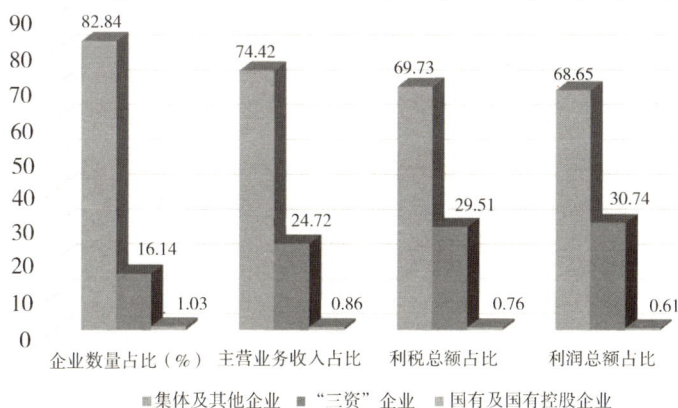

图 4-4　纸制品生产企业经济类型与规模结构（单位：%）

数据来源：《中国造纸工业 2015 年度报告》

按照我国大、中、小型企业划分标准，2015 年在 3898 家规模以上纸制品生产企业中，大中型纸制品生产企业 465 家占 11.93%，小型企业 3433 家占 88.07%；在纸制品生产企业主营业务收入中，大中型企业占 36.53%，小型企业占 63.47%；在利税总额中，大中型企业占 43.65%，小型企业占 56.35%；在利润总额中，大中型企业占 45.79%，小型企业占 54.21%。

4.2　造纸企业经营模式分析及企业竞争力比较

4.2.1　造纸企业经营模式

从目前来看，外资企业以及晨鸣、华泰等中资大型企业由于生产规模大、技术先进、起点高，占据了利润较高的高档纸品市场，因而在市场竞争中具有明显的优势。同时大型企业对原料资源的控制能力明显要强。

现代造纸业是资金、技术密集型行业，特别是高档纸领域存在较高的技术壁垒和资金壁垒。同时，造纸业的投资回收期也较长，大中型企业依靠其资本优势成功实现向原材料行业的"上延"和下游产成品行业的"下伸"，即投资建设林纸一体化工程和开发经营利润高的产品，实现企业从生产环节向利润丰厚环节的跃迁，从而使得大中型企业经营收益能力和竞争能力进一步加强。造纸行业具有相当高的规模经济性，现代制浆工业的起始规模经济点是 30 万吨产能，造纸工业的起始规模经济点为 15 万吨，而中国目前产能超过 10 万吨就算是大型企业。较高的规模经济起点排斥小企业的进入。目前投资于造纸行业有两个方向，一是高档包装纸及纸板类，二是化学纸浆及高档文化用纸类。对于包装用纸，一般国产设备就能满足需要，投资低，数千万元到数亿元左右的投资就可建设一条具有较大规模的生产线，但对于纸浆及高档文化用纸类项目，其所需资金十分巨大；目前国际上新建化学纸浆生产线项目每万吨产能需投资量高达 1.5~2 亿元人民币，具有较高的进入壁垒，不是国内一般机构能够介入的。所以目前行业外的资金即使进入造纸行业，一般都是投向包装类用纸，但正是由于相对高档文化用纸，包装类用纸的门槛较低，大家都投向包装用纸，结果就造成近年来包装纸板市场竞争激烈，利润水平下降多。小型造纸企业主要生产中低档纸品，而目前该市场基本处于产品过剩的状态，加上环保要求日益严格，因而这部分企业间的竞争格外激烈，生产艰难。表 4-1 分析了不同规模企业的经营特点。

表 4-1 造纸行业不同规模企业的经营特点

指标	外资企业	中资大型企业	小企业
企业规模	大	较大	小
管理水平	高	较好	一般
技术水平	设备先进，起点高	设备先进，起点高	造纸设备落后
环保情况	环保设施健全	环保条件较完善	环保配套较落后
市场定位	高档纸张市场	中高档纸张市场	中低档
代表性企业	APP、UPM	晨鸣、华泰	富阳的小纸板厂家

4.2.2 重点造纸企业的绿色生产模式

1. 晨鸣纸业

晨鸣集团是中国造纸行业龙头企业。公司从 1958 年创立至今，在山东、广东、湖北、江西、吉林等地均建有生产基地，企业总资产 900多亿元，年浆纸产能 850 多万吨，经济效益主要指标连续 20 年在全国同行业保持领先地位，综合实力位居世界纸业十强、中国企业 500 强第

234 位。晨鸣现拥有全球最大的制浆造纸生产基地和数十余条国际尖端水平的制浆造纸生产线，产品逐步形成了以印刷用纸、包装用纸、办公用纸、工业用纸、生活用纸五大品类体系，以高档文化纸、铜版纸、白卡纸、新闻纸、轻涂纸、复印纸、工业用纸、特种纸、生活纸为主导的高中档并举的九大系列产品结构。在全国同行业率先通过 ISO9001 质量体系认证、ISO14001 环保体系认证和 FSC—COC 体系认证。在可持续发展的具体实践中，晨鸣纸业主要以循环经济理论为指导构建循环产业链条。在废水治理方面，建设了国际一流的废水处理系统，拥有各种污水处理设施十余套，采用目前国内外最先进的处理工艺，实现了厂区废水治理设施全面整合升级，各项排放指标优于相关控制标准。在废弃物治理方面，摒弃传统的混合填埋处理方式，加强技术创新和资源综合利用，延伸产业链条，实现固体废弃物资源化、无害化利用。在废气治理方面，引进国际先进的脱硫脱硝除尘、厌氧气味处理、封闭煤仓等环保装备和工艺技术，对废气进行科学治理，确保了废气排放全部达到国家环保相关标准要求。

（1）"林—纸—再生纤维"循环链。实施林浆纸一体化战略，建设了湛江年产 70 万吨木浆项目，在湖北、江西、广东等地发展原料林基地 200 多万亩，形成了"以林养纸、以纸促林、林纸结合"的产业新格局。

（2）"煤—电—建材"循环链。晨鸣集团配套上马了年产 30 万吨水泥厂和 100 多万立方米新型建材厂，对热电厂的副产品煤灰、煤渣等废弃物全部实行综合利用，使灰、渣变废为"金"。

（3）"造纸废弃物—制肥、养殖、发电"循环链。污泥制肥：将造纸污泥无害化处理后，生产适合于不同农作物的专用复合肥。蚯蚓养殖：利用污泥养殖蚯蚓，经蚯蚓处理后形成有机肥料，具有良好的生态效益、经济效益和社会效益。沼气发电：利用中段水厌氧处理过程中产生的沼气进行脱硫发电，使沼气中硫化氢的浓度由 20000ppm 降到

100ppm，日最高发电量达到 5 万 kWh。垃圾焚烧：投资 3 亿多元上马了 65MW 生物质气化炉及 130t/h 循环硫化床垃圾焚烧炉，配套 12MW 单抽凝汽式汽轮发电机组，消化工业废渣并供热发电。

（4）"中水回用"循环链。晨鸣集团加强水的循环利用，成功探索出一条经济上合理、技术上可靠的制浆造纸废水深度处理回用之路，并得到了国家环保部的认可和推广。寿光本部陆续建设了日总处理能力为 13 万立方米/d 的中水回用项目。工程采用先进造纸废水深度处理工艺，对处理达标后的造纸废水进一步处理后，替代新鲜水用于制浆造纸过程中，既节约了新鲜水的消耗量，又减少了污染物的排放量。目前，公司吨纸、吨浆耗水量均居同行业领先水平，其中双胶纸、铜版纸、轻涂纸吨纸耗水分别为 2.2 立方米、3.9 立方米、2.6 立方米。

2. 太阳纸业

山东太阳控股集团始创于 1982 年，是全球先进的跨国造纸集团和林浆纸一体化集团，总部位于山东省济宁市兖州区。截至目前，集团销售收入近 500 亿元，浆纸产能近 600 万吨，拥有资产总额 292 亿元，员工 1 万余人，位列中国 500 强企业第 306 位，是中国造纸行业领军企业，位列世界造纸百强行列。

集团主导产品有高档涂布包装纸板、高级美术铜版纸、高级文化办公用纸、特种纤维溶解浆、生活用纸、工业包装用纸六大系列。拥有金太阳（中国驰名商标）、华夏太阳、天阳、威尔、乐考、酷印、幸福阳光、舒芽奇、万国光芒、万国骄阳、万国联邦、新光芒等主要品牌。

在环境保护与可持续发展方面，截至 2016 年，集团累计投入 40 多亿元用于环保工作，使废水 COD 出境水质达到 30mg/L 以下，BOD 达到 10mg/L 以下，化机浆废水全部实现零排放，平均吨纸耗水降到 5 立方米，达到国际领先水平，同时，不断加大科技研发，从产品、原料等方面降低对环境的影响，积极植树造林，不断优化生态环境，取得了经济效益、环境效益和社会效益的多赢。

2011 年该公司投资近 3 亿元建设了废水治理节能减排及资源化工程，生产废水经八万方水处理后经过进一步深度治理，COD 可以降低至 60mg/L 以下。再经过氧化塘的进一步降解，最终排水 COD 降至 35mg/L 左右，优于《山东省南水北调沿线水污染物综合排放标准》及《制浆造纸工业水污染物排放标准》要求。此外，在中水回用方面，公司建设的 2 万吨中水膜处理再回用工程，工艺采用"机械澄清池＋多介质过滤系统＋超滤系统＋反渗透系统"，其中预处理单元主要作用为去除废水中悬浮物、胶体、浊度及色度，中水再经泵提升进入反渗透装置进行脱盐处理，系统产水 TDS 小于 180mg/L，硬度小于 10mg/L，产水水质完全满足生产要求。该项目的建成投用，极大地提高了中水回用率，节约地下水用水量，同时减少了污染物的排放，是公司落实节能减排的一项重要举措。为进一步加强废渣治理，公司 2015 年建设了污泥焚烧发电项目，燃料采用造纸过程中产生的污泥及浆渣并附加少量的燃料，实现了造纸固废资源化、无害化。碱回收产生的废渣白泥部分经石灰窑煅烧生产石灰后回用于生产，部分作电厂脱硫剂使用，而公司投建的应急填埋场，确保了生物质锅炉检修、异常情况下废渣的处置。

4.3　造纸产业环境政策研究

4.3.1　我国造纸产业的可持续发展研究现状

我国造纸产业可持续发展的相关研究开始于 20 世纪 90 年代，在早期的研究中，学者们从成本和效率的角度，提出回收纤维的利用是应该作为造纸工业的重要纤维来源（李忠正，1997）。任启芳（1999）、聂影（1998）等对造纸工业的可持续发展模式进行了较为系统的阐述，归纳了造纸工业可持续发展系统的 11 项要素，并给出了一种描述我国造纸工业可持续发展的多级递阶结构模型。

王海刚（2004）分析了影响我国造纸工业可持续发展的主要因素，并提出了一系列的建议，如建立造纸工业可持续发展评价指标体系；加快林纸一体化建设；建立完善的废纸回收体系；加快组建造纸企业战略联盟；加快造纸产业结构的多元化发展等发展途径。

2011 年，国家发改委、工业和信息化部以及国家林业局联合发布了《造纸工业发展"十二五"规划》，明确指出："造纸工业是我国国民经济中具有循环经济特征的重要基础原材料产业，需加快传统造纸工业向可持续发展的现代造纸工业转变，加大节能减排力度，走绿色发展之路"。由此可见，面对节能减排和环境保护的压力和挑战，造纸工业的生态化转型是必然趋势，需要转变"大量生产、大量消费、大量废弃"的粗放型经济增长方式，取而代之的是实施以"低采伐、高利用、低排放"为特征，以"资源—产品—废弃物—再生资源"的反馈闭环式模式为核心的循环经济模式，探求实现我国造纸工业的可持续发展途径。

2016 年，工业和信息化部编制发布了《轻工业发展规划（2016—2020 年）》，其中具体到造纸行业，《规划》指出了其主要行业发展方向：推动造纸工业向节能、环保、绿色方向发展。加强造纸纤维原料高效利用技术，高速纸机自动化控制集成技术，清洁生产和资源综合利用技术的研发及应用。重点发展白度适当的文化用纸、未漂白的生活用纸和高档包装用纸和高技术含量的特种纸，增加纸及纸制品的功能、品种和质量。充分利用开发国内外资源，加大国内废纸回收体系建设，提高资源利用效率，降低原料对外依赖过高的风险。

循环经济的理念已经广泛应用于工业和社会的可持续发展实践中，通过发展模式中闭环内的资源循环，在利用资源的同时保护环境，实现环境保护与经济发展的双重效益。同时，将人类活动也纳入闭环循环内，在自然生态中促使原料和能源的不断循环往复，提高资源的利用效率，尽可能降低经济活动对环境的影响程度。

4.3.2 我国造纸企业清洁生产审核试点项目

（1）我国第一批造纸企业清洁生产审核试点

1994 年 10 月，联合国环境规划署亚太地区办公室（UNEP/RDAP）在曼谷召开了工业环境管理网（NIME）第三阶段工作会议，计划在1995—1997 年实施一项亚太地区造纸行业清洁生产行动，重点是进行造纸企业清洁生产审核和培训。中国国家环保局污控司和轻工总会经贸司官员与会，并负责组织这项计划在中国实施，推荐中国 6 家造纸厂作为第一批清洁生产审核示范试点，北京轻工业学院、轻工总会环保所和国家清洁生产中心共同组成中国专家组参加此项活动，从此启动了我国造纸行业的清洁生产行动。中国专家组开展的一系列活动相配合：

●1995 年 8 月，在烟台进行第一次造纸行业清洁生产审核培训。

●1995 年年底至 1996 年年初，编制《制浆造纸行业清洁生产指南》（试行版），由北京轻工业学院课题组完成。

●1995 年 8 月后的一年内共组织多次培训，现场考察，并邀请国际清洁生产方法学专家荷兰阿姆斯特丹大学范·博格博士和造纸清洁生产工艺学专家印度中央造纸所贾亚·辛格博士下企业现场培训和指导清洁生产审核。

●1996 年 8 月，在辽宁兴城召开第一次清洁生产审核试点项目总结会。

2. 我国第二批造纸企业清洁生产审核试点

为配合淮河流域治理，我国第二批造纸企业清洁生产审计示范在淮河流域的河南、安徽的 9 个试点企业开展，时间为 1996 年 8 月至 1997年 4 月，项目仍由国家清洁生产中心、轻工总会环保所及北京轻工业学院的专家负责，地方环保局及轻工局的官员和专家也参加了这项活动。活动总结会于 1997 年 4 月 8—10 日在南京召开，主办单位是国家环保

局污控司与轻工总会经贸司，联合国环境署亚太办公室工业环境管理网
（NIEM）项目官员、联合国工发组织及开发计划署驻京官员以及两位
国际清洁生产专家等共约80人与会。会议总结了项目取得的环境与经
济效益，对如何进一步预防与控制我国非木制浆造纸行业的污染及存在
的问题进行了深入研讨。

　　1997年4—6月两次参加联合国环境署工业环境管理网（NIEM）
组织的会议：在印度召开的造纸行业清洁生产研讨会和在马来西亚召开
的NIEM第三阶段总结会。我国代表提出下一阶段工作的设想和计划：
结合三河三湖流域治理，继续在造纸行业开展清洁生产，并将清洁生产
推广到其他流域和地区；同时开展造纸行业清洁生产指标体系、政策法
规、清洁技术等方面的研究，以期使清洁生产走上持续发展的轨道。中
国在造纸行业开展的清洁生产工作受到联合国环境署与各国代表的高度
评价。

　　3. 我国第三批造纸企业清洁生产审核试点

　　联合国环境规划署亚太办NIEM继续资助中国专家组开展第三阶段
延展期工作。本期项目工作宗旨继续在中国制浆造纸行业推行清洁生
产，尤其是麦草浆制浆造纸企业中推行清洁生产。项目从1998年年初
至1999年3月。主要内容：（1）NIEM第三阶段15家造纸厂清洁生产
审核回顾性评价。（2）在海河流域4省（河北、河南、山西、山东）
12家制浆造纸企业进行清洁生产培训及审核示范活动。（3）由NIEM
第三期活动专家工作组集体翻译出版《制浆造纸工业环境管理》，该书
被联合国环境署列为制浆造纸行业清洁生产培训教材。（4）由北京轻
工业学院为主组织专家、学者编写《麦草浆碱回收技术指南》。（5）我
国5位专家参加了1998年5月NIME在泰国组织的制浆造纸行业清洁
生产培训。

　　4. 示范活动所取得的成果

　　1999年5月26—28日，在北京召开了"工业环境管理网（NIEM）

制浆造纸行业清洁生产审核示范活动总结会议"。该活动共涉及 7 个省，有 27 家制浆造纸企业参加，并相继完成了各自的清洁生产审核工作，均获得 NIEM 颁发的荣誉证书。总结示范活动所取得的成果和成绩：（1）通过国家环保和行业管理部门协同组织的多次、多层次的造纸行业清洁生产技术、审核方法的培训和交流会，对开展和推动造纸行业清洁生产有决定性意义，使清洁生产概念和定义很快被广大造纸企业所接受。（2）实践证实并完善了一套成熟的、行之有效的、包括 7 个步骤的详细清洁生产审核程序和包括 4 个步骤的简化审核程序。（3）编制、翻译、出版系列有关制浆造纸行业清洁生产教材和书籍：《制浆造纸行业清洁生产审核指南》（试行版）、《制浆造纸工业环境管理》和《麦草浆碱回收技术指南》等。（4）锻炼了一支队伍：包括国家级、地方级（省、市）及企业的清洁生产方法学专家和国家级、地方级（省、市）及企业的制浆造纸清洁生产工艺学专家。（5）通过清洁生产审核和实施具体方案，企业普遍获得明显效益，审核重点的污染物平均削减了 20%，每个经过审核的企业获得的经济效益超过 100 万元/年。第一批造纸工业清洁生产审核试点单位效益统计见表 4-2。（6）一批新型的清洁生产技术和措施经示范活动得到试验和验证。（7）积极参与全国清洁生产网络活动：国家清洁生产中心于 1996 年 12 月在北京召开全国清洁生产网络成立大会暨首届年会。（8）三批造纸行业清洁生产审核试点，为全面开展造纸行业清洁生产作好了宣传、理论实践、人员培训等系列准备工作。许多企业主动实施清洁生产工艺、技术或主动要求进行清洁生产审核，同时地方各级政府也在环境管理中切实做到从末端排放管理转变到生产过程的管理，从 20 世纪 90 年代后期政府所发有关文件可以看出，国家在推动造纸产业清洁生产方面的确是作出了很大努力。

表 4 - 2   第一批造纸产业清洁生产审核试点单位效益（中华纸业，2013）

企业名称	实施方案数目	投入（万元）	实际削减量（吨/年）	消耗的降低	已获经济效益（万元）
山东安丘造纸厂	5	3.86	COD：210	原材料降低率：10% 水耗降低率：6% 碱耗降低率：8% 电耗降低率：5% 蒸汽降低率：5%	278.4
浙江民丰造纸厂	26	3.0	COD：442.8 SS：18.5	水耗：120775 吨/年 煤耗：318 吨/年 碱回收：230 吨/年	204
江苏泰州造纸厂	5	− −	COD：1381 SS：1812	水耗：684480 吨/年 汽耗：11.8 吨/年 碱耗：249.6 吨/年 电耗：926900 度/年	589
湖南西洞庭造纸厂	3	3.5	− −	总消耗降低率：0.9%	14
山东滨州造纸厂	6	24.7	COD：680 废水：210000	碱耗：8083 吨/年 原材料：1428 吨/年 水耗：214200 吨/年 蒸汽：7140 吨/年	174.5
河南卫辉造纸厂	9	24.0	COD：1251.8	水耗：346000 吨/年 原材料：540 吨/年 碱耗：378 吨/年	142
合计	54	59.1	COD：3935.6		1401.9

4.3.3   我国制浆造纸行业目前执行的清洁生产技术标准及评价指标体系

在纸浆造纸行业，与环境保护和清洁生产相关的技术标准可以追溯至 1999 年。1999 年，国家环境保护总局环办〔1999〕127 号"关于下达 2000 年度国家环境保护标准制（修）订项目计划的通知"及其项目计划表，提出要起草"3 - 5 行业清洁生产技术标准"。2000 年 5 月 10 日，国家环境保护总局标准司在京主持召开了电镀、啤酒和造纸行业清洁生产技术标准开题会，初步确定了先制定蔗渣浆、麦草浆和木浆等生产工艺的清洁生产标准。表 4 - 3 总结了近年来在制浆造纸行业较为重要的环境标准及评价指标。

表 4 - 3　中国制浆造纸行业主要的环境标准

时间	降低中国制浆造纸行业环境影响的措施
2005	《进口可用作原料的固体废物环境保护控制标准—废纸或纸板》（GB 16487.4 - 2005），国家环境保护总局（现国家环境保护部）发布。
2006	《制浆造纸行业清洁生产评价指标体系（试行）》，国家发展改革委发布。
	《清洁生产标准：造纸工业（漂白碱法蔗渣浆生产工艺）》（HJ/T 317 - 2006），国家环境保护总局（现国家环境保护部）发布。
2007	《清洁生产标准：造纸工业（漂白化学烧碱法麦草浆生产工艺）》（HJ/T 339 - 2007），国家环境保护总局（现国家环境保护部）发布。
	《清洁生产标准：造纸工业（硫酸盐化学木浆生产工艺）》（HJ/T 340 - 2007），国家环境保护总局（现国家环境保护部）发布。
2008	《制浆造纸工业水污染物排放标准》（GB3544 - 2008），国家环境保护部发布。
2009	《清洁生产标准：造纸工业（废纸制浆）》（HJ 468 - 2009），国家环境保护部发布。
2011	《造纸工业发展"十二五"规划》，国家发展改革委、工业和信息化部、国家林业局共同发布。
	《中华人民共和国国家标准：节水型企业造纸行业》（GB/T 26927 - 2011）。

时间	降低中国制浆造纸行业环境影响的措施
2012	《制浆造纸废水治理工程技术规范》（HJ 2011 – 2012），国家环境保护部发布。
2015	国务院印发《水污染防治行动计划》，明确要求造纸行业施行严格的节能减排措施。
	《制浆造纸行业清洁生产评价指标体系》，由国家发展改革委、环境保护部、工业和信息化部共同发布。同时，此前发布的《清洁生产标准造纸工业（漂白碱法蔗渣浆生产工艺）》（HJ/T317 – 2006）、《清洁生产标准造纸工业（漂白化学浆烧碱法麦草浆生产工艺）》（HJ/T339 – 2007）、《清洁生产标准造纸工业（硫酸盐化学木浆生产工艺)》（HJ/T340 – 2008）、《清洁生产标准造纸工业（废纸制浆）》（HJ 468 – 2009）同时停止施行。

4.4 基于省级面板数据的造纸产业生态效率实证研究

4.4.1 研究背景

中国已经成为全世界最大的纸及纸板生产大国。2014 年全国纸及纸板生产企业约 3000 家，全国纸及纸板生产量 10470 万吨，占全世界生产总量的 25%。造纸产业已步入由成长期向成熟期转变发展的转型期，正处于调整结构、转型升级和寻求新平衡的过程中。造纸产业的污染问题一直是国家关注的重点，其多个污染指标的排放量远高于其他行业。如图 4 – 5 所示，根据 2013 年《中国造纸年鉴》公布的数据，造纸产业的废水排放量占全国总量的 18%，位列各主要行业排放量首位；化学需氧量（COD）的排放量占全国总量的 29%，高出第二位的农副食品加工业 25%；二氧化硫（SO_2）和固体废弃物的污染也较为严重。国家环保部也在重点推进造纸产业落后产能的淘汰工作。在最近出台的

"十三五"规划中，亦明确提出要严格限制造纸类的新建和扩建项目。可以说，中国造纸产业的污染治理水平，直接影响到我国整体推进工业节能减排的进度。因此，提高我国造纸产业的环境管理水平，对实现生态文明、建设可持续发展的新型工业化道路有重要的现实意义和必要性。

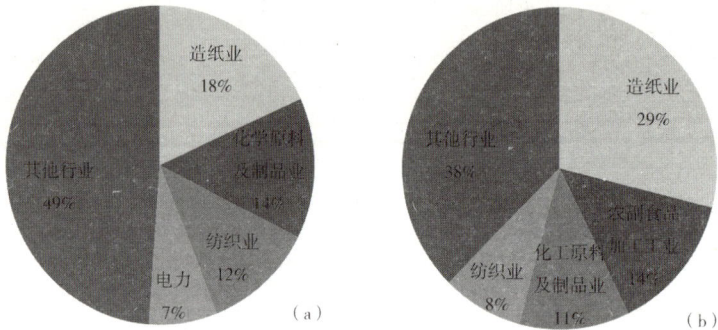

图 4 - 5　中国主要工业的废水排放（a）与
化学需氧量排放（b）占总排放的比重
数据来源：2013《中国造纸统计年鉴》

　　针对造纸产业的污染问题，国内外学者已从生态效率的角度展开了研究。芬兰学者 Helminen 构建了生态效率指标体系并分别测度了 31 家芬兰和 37 家瑞典的制浆造纸企业。研究结果显示，瑞典企业的生态效率总体较高，而芬兰企业在一些特定类型的纸产品生产中效率较高，如非木浆纸、固体漂白硫酸盐纸板和液体包装用纸板（Helminen，2000）。（Thant & Charmondusit，2009）使用一组生态效率指标评估了缅甸造纸产业 2001—2005 年的生态效率（包括原材料消耗、水耗、二氧化碳排放量等），研究发现通过提高缅甸造纸厂的废物处理设施可以显著提高造纸产业的生态效率。荷兰学者 Chappin 等人分析了增加政策压力对荷兰造纸行业的生态效率和科研活动的影响，其重点关注了废水、废弃物和能源方面。他们认为提高政策压力可以造成政策工具之间的竞争，进而推迟生态效率的提高和研究活动的进展（Chappin et al.，2007）。近年来，我国学者也在逐步重视造纸产业的生态效率评估。（Hua et al.，2007）调查了淮河流域32家造纸厂，并利用非径向DEA模型评价其生态效率，环境污染指标选取生化需氧量（BOD）一项。（Wang et al.，2011）研究了环境管制的提高对山东造纸产业生态效率水平的影响，以及造纸企业的应对策略。这些研究都体现了学界对造纸产业环境影响的重视，但相对于其他高能耗、高污染的行业，造纸产业生态效率的研究还处于初步阶段且并不系统，研究的深度和广度都有待进一步提升。前期的研究并没有深入探讨推动或阻碍造纸产业生态效率提升的影响因素，无法对环境政策和产业政策的调整提供准确的政策建议。而这方面的研究可以通过改进的生态效率评价模型进行拓展。此外，目前的文献中还没有系统地研究中国的环境政策对造纸产业生态效率的作用。对于全行业的评估，除了宏观了解生态效率转变的整体趋势，更需要从区域层面入手，分析不同地区污染治理的手段，探讨在资源环境约束下各地造纸产业的发展模式。

本项研究旨在探索造纸产业生态效率的定量评价方法，综合运用生态效率理论和数据包络分析方法，对我国造纸产业从行业整体水平、省际生态效率比较两个层面进行实证研究，其中省级生态效率为本项研究的重点，研究中将对其资源、环境、经济的效率水平进行诊断，探讨影响造纸产业生态效率的因素，并针对分析的结果提出促进我国造纸产业生态效率提升的对策和建议。

4.4.2　研究方法和数据收集

本项研究采用生态效率理论和基于非期望产出的DEA模型（包括SBM模型及ML指数），将污染作为非期望产出，在资源环境约束下评估中国造纸产业生态效率的整体情况，以及16个造纸大省的生态效率水平和全要素增长率，分析了各省改善造纸产业生态效率的途径，以及我国造纸产业生产率增长的动力和阻碍因素。

在国家层面，本项研究采用生态效率比值法，选取水资源消耗效率、化学需氧量（COD）排放效率、废水排放效率作为主要指标，分析了我国造纸产业 2003—2012 年的生态效率整体情况，数据来自 2004—2013 年的《中国环境统计年鉴》。指标计算方法如下：

$$用水效率 = \frac{工业总产值（万元）}{用水总量（万吨）} \tag{18}$$

$$废水排放的生态效率 = \frac{工业总产值（万元）}{废水排放总量（万吨）} \tag{19}$$

$$COD 排放的生态效率 = \frac{工业总产值（万元）}{COD 排放总量（万吨）} \tag{20}$$

在省级层面，本项研究采用 SBM 模型和 ML 指数，即公式（1）~（17）。实证研究中选取 16 个造纸大省（直辖市），包括：山东，广东，浙江，江苏，河南，福建，河北，湖南，广西，重庆，天津，四川，安徽，湖北，江西，海南。图 4-6 显示了 16 个省市的造纸产量，其中山东、广东、浙江和江苏位居全国前 4 位。2013 年，16 个省市的产量合计为 9653 万吨，占全国纸及纸板总产量的 95%，所以这 16 个省市的生态效率基本能代表全国造纸行业生态效率的水平。在指标选取方面，鉴于造纸产业主要造成水体污染，因此本项研究选取了新鲜水耗作为投入指标，废水排放、COD 排放、氨氮（AN）排放作为非期望产出指标，各省造纸产业的工业总产值作为期望产出指标。鉴于数据的可获得性和连续性，我们收集了 16 个省市、五类指标从 2010—2013 年的面板数据，主要来自各省市 2011—2014 年的统计年鉴和国家环境保护部。

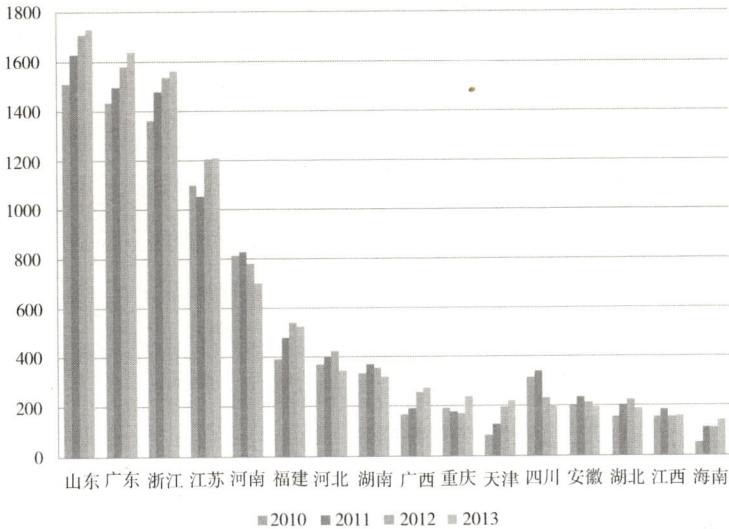

图 4 - 4　16 个省市的纸及纸板产量（单位：万吨）

数据来源：2011—2014 年《中国造纸协会年度报告》

4.4.3　模型计算的结果

4.4.3.1　全国造纸产业生态效率的整体趋势

按照公式（18）（19）（20）的计算结果，研究中计算了水耗、废水排放、COD 排放的生态效率指标，并同时将废水循环利用率一并作为环境影响的指标。表 4 - 4 显示了 2003—2012 年的计算结果。总体来看，中国造纸产业的生态效率取得了显著的进步，各指标均为增长趋势（如图 4 - 7 所示）。从 2003—2012 年，COD 排放的生态效率年均增长率为 30%，并在 2007 年有显著的提高。用水效率和废水排放的生态效率增长较为稳步，但在 2007 年和 2010 年呈现两次下降。2010 年以后，两个指标有了显著提高。此外，废水循环利用率在 2003 年为 40.3%，至 2012 年增长为 66.4%，在 2005 年出现小幅下降外，基本实现稳步增长。

表4-4　中国造纸产业2003—2012年的水耗、废水排放、COD排放的生态效率和水循环利用率计算结果

年份	用水效率（元/吨）	废水排放的生态效率（元/吨）	COD排放的生态效率（元/吨）	废水循环利用率（%）
2003	27.98	53.69	111992.1	40.37
2004	30.59	65.99	141330.6	45.81
2005	34.20	71.36	164182.8	44.56
2006	34.95	83.31	200837.1	50.68
2007	34.33	81.16	218932.7	51.36
2008	41.77	112.12	354891.3	54.93
2009	42.97	118.69	424794.9	57.03
2010	42.85	134.29	555357.1	62.60
2011	53.67	180.79	931401.6	64.59
2012	58.33	206.44	1135634	66.37

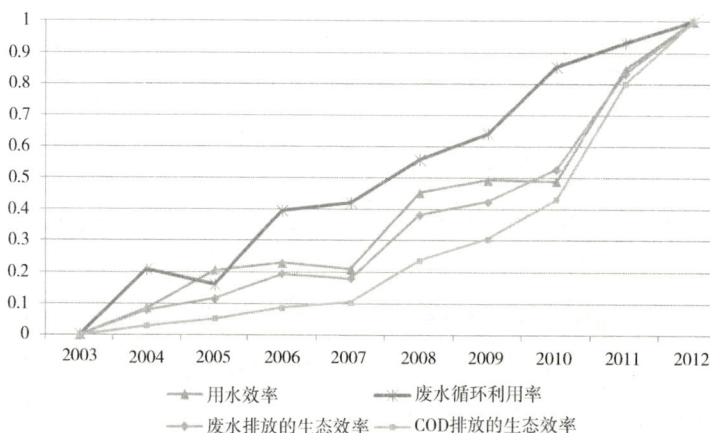

图4-7　中国造纸产业2003—2012年的水耗、废水排放、COD排放的
生态效率和废水循环利用率的趋势图

注：图中显示的数值为标准化后的数值。

116

4.4.3.2 省级层面造纸产业生态效率的测算结果

根据 SBM 模型逐年的测算结果，16 个省市造纸产业四年平均效率值的排序如图 4-8 所示。山东和天津的生态效率值为 1，说明这两个地区造纸产业的投入产出已经达到最优水平，在生产过程中兼顾了水资源的利用和对水污染的处理，以最少的资源投入、最少的污染排放实现了最大的经济产出。其余各省为非有效地区，其中，江苏和广东的效率相对较高，而余下 12 个省市的生态效率均值都低于 0.5。江西和广西的造纸产业生态效率最低，生态效率值分别为 0.09 和 0.08。

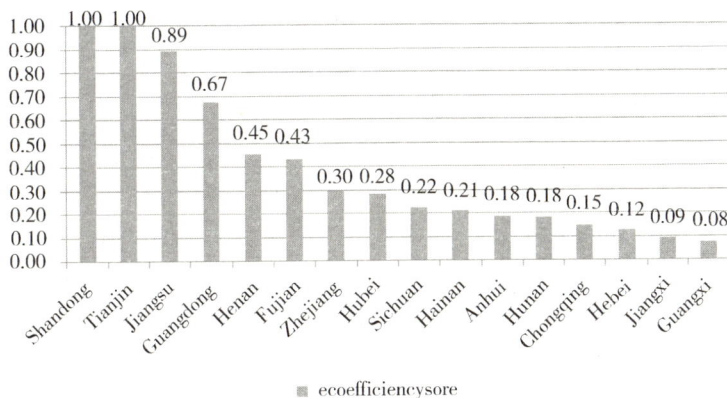

图 4-8　16 个省市造纸产业生态效率的四年均值（2010—2013）

图 4-9 显示了各省造纸产业的环境绩效与工业总产值之间的关系，可以看出，工业总产值最大的省市（即山东、广东和江苏）同样取得了较高的生态效率值。山东拥有全国最大的造纸产业，其在环境绩效和经济效益两方面都取得了最好的成绩。其余各省基本处于图左下部，即较低的工业总产值和较低的生态效率。此外，图 4-10 呈现了 16 个省市造纸产业的年度生态效率值。在 2010、2011、2012 年，山东、江苏、天津和广东一直位列前四位，其生态效率值连续三年高于 0.5。在 2013年，河南和福建的生态效率值有所提升，也超过了 0.5。

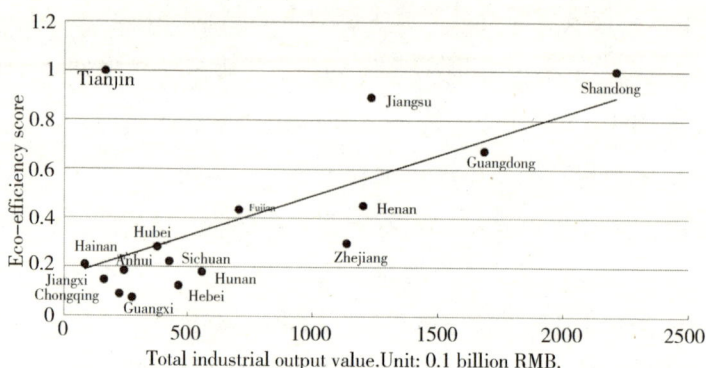

图 4 - 9 16 个省市造纸产业的生态效率与工业总产值之间的关系

注：生态效率值和工业总产值为 2010—2013 年的四年平均值。

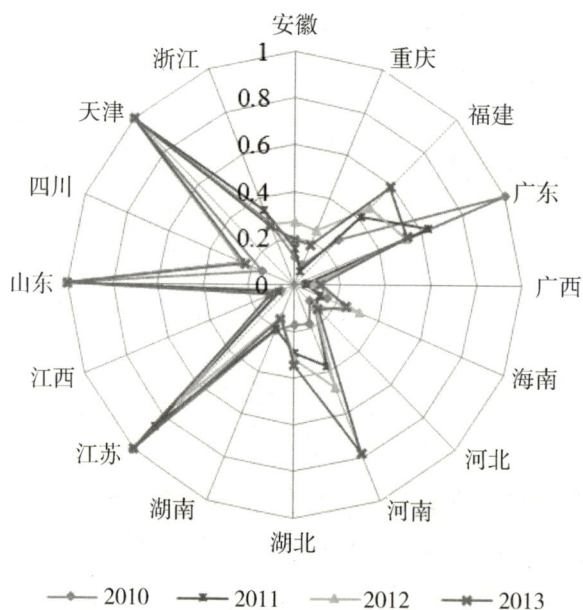

图 4 - 10 2010—2013 年 16 个省市造纸产业的年度生态效率值

　　表 4 - 5 显示了 SBM 模型的优化结果。本项研究采用投入冗余率、非期望产出冗余率、期望产出的不足率来测算投入和产出需要改进的程

度。从表中可以看出，山东和天津的生态效率值为1，为有效DMU，相对于其他各省市，其投入产出的各项指标已经无须改进。总体来看，除了海南和重庆，其余各省市的工业总产值冗余率均为0，而各省市在投入指标和非期望产出指标中均有冗余，说明导致我国造纸产业生态效率损失的主要原因并不是经济产出的不足，而是水资源消耗过量，以及污染排放过量导致的。此外，从表4-5亦可以看出，COD排放过量是导致造纸产业低效率的主要原因。四川、安徽、湖南、重庆、河北、江西和广西七个省市造纸产业的COD排放量还有较大的减排潜力，应该继续下降80%以上。造成生态效率损失的其他因素依次为废水排放过量、水资源消耗过量和AN排放过量。相对于生态效率有效的省市，江西和广西的水耗应分别减少85%和87%。河北、江西和广西的废水排放应分别减少80%、86%和88%。

表4-5 16个省市造纸产业生态效率的优化结果

DMU	水耗冗余率（%）	废水排放冗余率（%）	COD排放冗余率（%）	AN排放冗余率（%）	工业总产值冗余率（%）
山东	0.00	0.00	0.00	0.00	0.00
天津	0.00	0.00	0.00	0.00	0.00
江苏	-7.09	-2.77	-14.38	-1.88	0.00
广东	-20.22	-21.24	-45.89	-19.63	0.00
河南	-42.14	-39.97	-67.06	-37.14	0.00
福建	-43.44	-41.02	-62.16	-27.27	0.00
湖北	-58.19	-58.32	-78.34	-62.93	0.00
浙江	-59.39	-57.44	-50.49	-38.13	0.00
海南	-63.72	-59.68	-62.22	-77.35	98.27
四川	-66.83	-68.24	-83.21	-49.18	0.00
安徽	-70.91	-73.65	-85.62	-76.95	0.00
湖南	-71.48	-70.74	-87.19	-74.35	0.00
重庆	-77.81	-78.52	-83.82	-57.04	4.57

DMU	水耗冗余率（%）	废水排放冗余率（%）	COD排放冗余率（%）	AN排放冗余率（%）	工业总产值冗余率（%）
河北	-79.69	-80.15	-87.60	-84.80	0.00
江西	-85.37	-86.50	-90.26	-75.03	0.00
广西	-87.40	-88.84	-94.21	-87.56	0.00

注：各值为四年均值。

4.4.3.3　造纸产业全要素生产率的测算结果

本项研究采用 ML 指数和 M 指数分别测算了 2010—2013 年造纸产业的全要素生产率，目的在于对比环境约束下和不受环境约束的生产率增长情况。如表 4 - 6 中 ML 指数的分解因素显示，2010—2013 年，造纸行业全要素生产率增长了 21.7%，其中效率进步（MLEFFCH）贡献了 29.3%，而技术改进（MLTECH）则为 - 5.9%，说明生产率的提高主要得益于效率进步。效率进步和技术改进对生产率的总体贡献分别为 135% 和 - 27.2%。从各省市情况来看，河南的造纸产业取得了最高的生产率增长，四年间增长 77.8%，其中效率进步贡献了 78.2%，而技术进步为 - 0.2%。由于技术退步的总体影响，天津和海南的全要素生产率分别下降了 5.4% 和 19.7%。通过对 ML 指数的分解发现，河南在效率进步方面取得了最大的进展，实现了 78.2% 的增长。而在技术改进方面，只有重庆实现了 2% 的增长，其余各省市的技术进步指数都小于 1，说明技术进步并不是中国造纸产业生产率提高的主要原因。

另外，我们也计算了不考虑环境约束的 M 生产率指数。如表 4 - 6 所示，M 指数平均下降了 0.8%，其中包括 0.7% 的效率退步和 0.1% 的技术退步。不受环境约束的效率变化指标（MEFFCH）均值为 0.993，显著低于受到环境约束的效率变化指标（MLEFFCH）1.293。整体来看，M 指数的平均增长率要低于 ML 指数的增长。16 个省市中，只有海南和天津在不考虑环境约束时的增长率较高，而大多数省市的 ML 指数都要高于 M 指数，说明受到环境约束时的生产率增长较高。

通过对 ML 指数和分解指数动态变化的观察，我们发现从 2010—2011 年，造纸产业的全要素生产率增长 5.5%，有九个省市的 ML 指数大于 1。在这一时期，大多数省市的效率进步甚至都超过了 100%。从 2011—2012 年，生产率提高了 37.6%，效率进步解释了其中的 45.2%。只有天津的 ML 指数低于 1。虽然这一时期仍然有 0.53% 的技术退步，但相比于上一时期，技术变化已经提高了 82.8%。从 2012—2013 年，生产率的提高为 24.1%。值得注意的是，这一时期提高生产率的主要动力来自于技术进步而不是效率进步。事实上，通过年度数据的动态变化，我们发现效率改进的作用呈现下降趋势，从 2.037 下降为 0.73，而技术改进从 0.518 增长为 1.699，其对生产率提高的作用正在逐步显现。

表 4 - 6　2010—2013 年 ML 指数和 M 指数的测算结果及其分解情况

DMU	考虑环境约束			不考虑环境约束		
	ML index	MLEFFCH	MLTECH	M index	MEFFCH	MTECH
安徽	1.238	1.328	0.932	0.944	0.97	0.974
重庆	1.421	1.393	1.02	0.925	0.922	1.003
福建	1.312	1.388	0.946	1.022	1.021	1.001
广东	1.099	1.117	0.984	1.007	0.99	1.016
广西	1.4	1.471	0.952	0.975	1	0.975
海南	0.803	0.917	0.876	1.177	1.164	1.011
河北	1.35	1.396	0.967	0.979	0.972	1.007
河南	1.778	1.782	0.998	1.014	1.032	0.982
湖北	1.29	1.416	0.911	0.985	1.003	0.982
湖南	1.026	1.133	0.906	0.889	0.948	0.938
江苏	1.079	1.246	0.866	1.016	1	1.016
江西	1.328	1.431	0.928	0.976	0.967	1.009
山东	1.325	1.377	0.962	0.994	0.983	1.011

DMU	考虑环境约束			不考虑环境约束		
	ML index	MLEFFCH	MLTECH	M index	MEFFCH	MTECH
四川	1.38	1.492	0.925	0.949	0.957	0.992
天津	0.946	1	0.946	1.047	1	1.047
浙江	1.027	1.077	0.954	1.005	0.985	1.02
均值	1.217	1.293	0.941	0.992	0.993	0.999

注：结算结果为四年的几何均值。

4.4.3.4　中国造纸产业生态效率的动因和阻碍分析

上一节的研究结果展示了各省市和全国造纸产业的生态效率测算结果。生态效率排名前四位的省市中（包括山东、天津、江苏和广东），山东造纸产业能够同时兼顾环境绩效和经济效益，这得益于山东省自2000年以来实施的最为严格的环境管制政策。山东拥有中国最大规模的造纸产业，早期时由于大量使用草浆，以及小型造纸厂的低效率生产，导致山东造纸产业的水污染极其严重。2002年造纸行业COD排放量超过全省工业的50%，但对工业增加值的贡献率仅为3%。从20世纪90年代中期开始，山东省就积极探索解决造纸行业高污染问题。1996—2002年，主要采取行政手段关闭规模较小、污染严重的草浆造纸生产线472条，污染加重趋势得到初步遏制。但单纯采用行政手段也逐渐显现出缺乏预见性、易于反弹和社会成本较高等问题。为此，山东省开始研究提高环境标准，通过企业自身的市场行为促进节能减排的效果。2003年，山东省发布实施《山东省造纸工业水污染物排放标准》，开启了以环境标准倒逼传统行业转方式调结构的新路子。标准跨越8年实施，共分了4个阶段。第一阶段从2003年5月1日起，草浆造纸外排废水COD执行420mg/L的标准限值，略严于450mg/L的原国家标准，向行业发出"标准即将加严"的明确信号。第二阶段从2007年1月1日起，大幅度加严标准，草浆造纸外排废水COD执行300mg/L的标准限值。第三阶段，出台4项覆盖山东全境的流域性综合排放标准，流域标准第一时段与造纸工业水污染物排放标准第三时段相衔接，实现了行业排放标准与流域综合排放标准的对接，草浆造纸外排废水COD执行300~150mg/L的标准限值。第四阶段从2010年1月1日起，全省所有企业全部执行统一的流域性污染物排放标准：重点保护区COD执行60mg/L、一般保护区COD执行100mg/L的标准限值，严于原国家标准4~7倍。企业排污不再依行业而定，而是按照企业在流域中所处的位置确定排放限值，这样也就实质上取消了高污染行业的排污特权，将污染物排放标准和环境质量标准初步衔接起来。值得一提的是，从2003年起，山东环保没有采取行政手段关闭任何一家规模以上造纸企业，是行业自己走了一条转方式调结构的道路。10年以后，全省制浆企业由原来的200多家减少到十几家，但整个行业的规模和利税却大大提高。2013年，山东省机制纸及纸板产量比2002年增加了两倍多；利税增加了近4倍，均居全国第1位；而主要污染物COD排放量却减至2.4万吨，减少了88.2%。目前，山东每一个造纸企业都在排污口设置了生物指示池，达到了常见鱼类稳定生长再排向环境的治污水平。按照同样的思路，山东省先后出台了38项标准，形成了覆盖全境的地方环境标准体系。2013年，山东省的纸和纸板产量占全国总产量的17.8%，而COD的排放仅占5%。

　　另外一个生态效率有效的地区为天津市。天津市造纸产业的规模相对较小，但在污染减排方面实现了较高的水平。天津市造纸产业的清洁生产可以追溯至20世纪80年代。在1985年，天津市的22家造纸厂、共63台大型造纸机全部实现白水循环利用。主要的造纸厂也采取了一系列措施来处理废水。另外，天津利用自身的港口区位优势，提高废纸的进口量，以此减少制浆带来的污染。2015年，天津市出台了《天津市水污染防治条例》，对造纸产业施行严格准入制度，不再新建扩建制浆造纸等严重污染水环境的生产项目。山东和天津都是资源性缺水城市，资源禀赋的劣势促使这两个城市在工业生产中实施废水循环利用，不断提高水资源利用效率。

　　SBM 模型的计算结果显示，COD 的过量排放是造成中国造纸产业生态效率损失的主要原因。对于 COD 的污染控制，中央政府和各地方政府已经出台了很多针对性的环境管制政策。但是，从我们的研究结果显示，许多省市（如广西和江西）的造纸产业在 COD 减排方面仍然有很大的减排空间。此外，在生态无效率的 14 个省中，各省的各项指标冗余率差距较大。例如，广西的废水冗余率和 AN 冗余率分别是江苏的32 倍和 47 倍，说明中国造纸行业在降低工业水耗和污染减排方面还有很大的提升空间。当前，我国已经对 COD 的排放施行总量控制。前期的减排手段主要是通过建设污水处理厂，2004—2013 年，造纸行业的COD 单位工业总产值排放强度已经实现了年均下降 22%。主要的措施是通过安装更高环境标准的废水处理设备，关停小型造纸厂并控制扩建或新建的制浆项目。这些手段对于实现 COD 减排的总量控制目标起到了一定的作用，而现在的减排空间已经在缩小，在下一步的减排工作中，应进一步提高制浆（特别是非木制浆）环节的污染处理技术，从源头进行 COD 的减排，而不是仅仅依赖于末端治理措施。

　　考虑非期望产出的 ML 指数体现了环境约束下的全要素生产率增长情况。ML 的结果显示，2010—2013 年中国造纸产业生产率增长的主要动因来自于效率的提高。造纸产业属于资本密集型产业，且固定成本较高，不断加强的环境管制也提高了造纸企业的污染治理成本，因此，企业为降低成本需要尽可能提高规模效率。此外，环境保护"十二五"规划明确提出造纸产业要淘汰落后产能，一大批不符合要求的落后产能被淘汰，这些因素促进了造纸产业集中度的提高，有利于淘汰生产效率低、污染治理能力低的小型造纸厂，促进企业整合并购，同时为规模较大的造纸厂释放了部分市场空间。已经完成产能布局以及扩张的企业具有规模经济优势和议价能力，将会成为产业整合中的中坚力量。华泰股份、晨鸣纸业等企业已经涉足重组，中冶集团设立纸业集团也被认为是国企兼并国企的典型案例。从 2010—2013 年，中国造纸企业的数量减少了近 300 家，而产业内排名前 30 的造纸厂所占市场份额从 42.3% 提升至 48.3%。同时，外资造纸企业也在通过并购和项目合作，不断扩张在华投资。四年来，三资企业造纸企业占造纸企业总数约 12%，利润总额占比近 27%。这些国内外因素都使得造纸产业的规模效率不断提高。这些具有规模优势且有能力进行环保投资的大型企业获得市场份额，提升管理效率和技术效率，使得市场竞争更为有序，经济和生态效益取得双赢。ML 指数的另一个分解指数，即技术改进，四年来的均值为 −0.2%，显示出技术改进并不是中国造纸产业生产率提高的主要动力。尽管如此，从 ML 的动态结果仍可以看出，技术改进的效应正在逐年提高。这表明尽管效率进步是生产率增长的主要动力，但是其作用在逐年下降，由于更加严格的环境标准，使得技术改进已经在造纸产业污染控制中起到作用。

我们还对比了不受环境约束的 M 指数和考虑了环境约束的 ML 指数。总体来看，不考虑环境约束的全要素生产率增长较低，而考虑了环境约束的全要素生产率增长水平较高，说明传统的测量方法低估了造纸行业的生产率水平。M 指数不能测度非期望产出，也就无法反映环境政策对污染减排的作用，而 ML 指数的计算结果可以体现包含环境治理效果的生产率水平。我们的测算结果说明，造纸行业的环境管制政策发挥了作用，造纸企业已经将环境管制内化在生产活动中，对环境治理进行了投入，如对污水处理设备的投资、清洁生产管理和审计等。严格的环境标准和管制政策倒逼造纸企业提升环境治理的能力。

总结以上研究，本研究首先从全国层面和省级层面评估了中国造纸产业的生态效率，采用 SBM 模型测度了 16 个造纸大省的效率水平，并运用 ML 指数分析了造纸产业生产率提高的动因。本项研究的主要结论如下：（1）中国造纸产业生态效率的损失并不是由于经济效益的不足，而是由于水资源消耗过量，以及污染排放过量导致的。尽管中国造纸产业污染排放的绝对值仍然较高，但在提高水资源利用效率和污染处理方面已经取得一定的进步。（2）COD的排放是影响造纸产业生态效率的首要因素。（3）2010—2013年生产率提高的主要动力来自于效率进步。产业结构调整及淘汰落后产能等政策对造纸企业的并购起到一定的作用，促进了造纸产业集中度的提高，提升了规模效率。造纸产业的技术水平正在不断提升，尽管目前还不是生产率提高的主要动力。（4）考虑环境约束时，造纸产业的全要素生产率要高于不受环境约束的生产率，说明造纸行业的环境管制政策发挥了作用，造纸企业已经将环境管制内化在生产活动中，对环境治理进行了投入。我们的研究结果表明，更高的环境标准和更为严格的环境管制并没有阻碍造纸产业的发展，相反，这些措施可以调整产业结构，发挥规模效应，促使企业提高污染治理的技术水平，并同时兼顾经济利益，实现产业的良性发展。

5 木材加工及木竹藤棕草制品产业

5.1 木材加工及木竹藤棕草制品产业发展概况

中国木材加工及木竹藤棕草制品产业发展迅速，前景广阔，是国民经济建设的重要组成部分。木竹藤棕草作为可再生能源，已经成为国家建设、工业生产和人民生活不可或缺的重要原材料和物质产品。木材加工及木竹藤棕草制品业不仅可以优化人民生活环境，还可以拉动农民就业，其产品主要包括原木、锯材、人造板、木竹地板、竹藤棕草制品等。随着我国人均收入水平的提高，人们对生活质量的要求大大提升，并表现出符合生态要求的消费在总消费中的所占比重不断升高。木材加工及木竹藤棕草制品具有天然、绿色、环保、可再生及可循环的特点，完全适应这种消费趋势的变迁，其产品需求将不断增长。同时，人们的消费重点由过去的解决温饱也转移到提升生活质量上来，住房面积的扩大、装修标准的提高和家具使用的增加，必将对木竹藤棕草制品消费产生更多需求；木竹藤棕草作为天然的环保型材料，同时也是一种低耗能的材料，其消费的增加有利于保护环境和节约能源（钱小瑜，2009）。

木材加工及木竹藤棕草制品业是传统的林业产业，在林业产业体系中具有明显的优势和主导作用。在20世纪50年代初，定向刨花板和中密度纤维板最早出现在北美市场，20 年后被引入欧洲。截止到目前，木质人造板依然是世界上使用最多的木质材料之一。最近的 70 年，人造板工业在世界范围内得到飞速发展，生产能力迅速提高，既受益于人工林木材资源的发展，亦得利于人造板工艺技术的巨大进步（解德艳，2013）。从 20 世纪 80 年代开始，世界木材消耗量增长了 36%，高达 34 亿立方米。工业用原木产量从 12.78 亿立方米增加到 14.67 亿立方米，增长了 14.7%，但锯材产量从 4.15 亿立方米减少到 4.13 亿立方米，而人造板从 7000 万立方米增加到 1.27 亿立方米。1970 年世界人造板消费量仅为锯材的 17%，1997 年增加到 34%，达到 1.53 亿立方米。

　　从产业规模来看，中国木材加工及木竹藤棕草制品产业的发展趋势发生了剧烈的变化，中国人造板和木地板产量均居世界第一。从 2004—2015 年，我国木材加工及木竹藤棕草制品业整体呈现快速增长的趋势。据国家林业局发布的《2015 年全国林业统计年报分析报告》数据显示（见表 5-1），2015 年我国人造板产量达 28679.79 万立方米，比 2004 年增长 10 倍多；其中，胶合板 16546.03 万立方米，占全部人造板产量的 57.1%；纤维板 6618 万立方米，与上年基本持平，占全部人造板产量的 21.41%，其中中密度纤维板产量为 5768.83 万立方米；刨花板产量 2030 万立方米，占全部人造板产量的 7.4%；其他人造板 3484.60 万立方米（细木工板占 59.82%），占全部人造板产量的 14.07%。2015 年我国木竹地板产量为 7.70 亿平方米，比 2004 年增长 521.66%，实木地板 1.29 亿平方米，占全部木竹地板产量的 15.58%；实木复合地板 2.42 亿平方米，占全部木竹地板产量的 31.3%；强化木地板（浸渍纸层压木质地板）2.90 亿平方米，占全部木竹地板产量的 37.66%；竹地板 1.02 亿平方米，占全部木竹地板产量的 13.24%；包括软木地板、集成材地板等其他木地板 0.10 亿平方米。2015 年，全国商品材总产量继 2014 年来继续下降，从 8233.30 万立方米下降到 7218.21 万立方米。在全部木材产量中，原木产量 6546 万立方米，比

2004 年增长 35%，薪材产量 671.86 万立方米。锯材产量为 7430 万立方米，比 2004 年增长 390%，竹材产量为 222440 万根，比 2004 年增长 103%。

表 5 - 1　2004—2015 年全国木材加工及竹藤棕草制品产量

年份	木材（万立方米）	竹材（万根）	锯材（万立方米）	人造板（万立方米）	其中		
					胶合板	纤维板	刨花板
2004	5197.33	109846	1532.54	5446.49	2098.62	1560.46	642.92
2005	5560.31	115174	1790.29	6392.89	2514.97	2060.56	576.08
2006	6611.78	131176	2486.46	7428.56	2728.78	2466.6	843.26
2007	6976.65	139761	2829.1	8838.58	3561.56	2729.85	829.07
2008	8108.34	126220	2840.95	9409.95	3540.86	2906.56	1142.23
2009	7068.29	135650	3229.77	11546.65	4451.24	3488.56	1431
2010	8089.62	143008	3722.63	15360.83	7139.66	4354.54	1264.2
2011	8145.92	153929	4460.25	20919.29	9869.63	5562.12	2559.39
2012	8174.87	164412	5568.19	22335.79	10981.17	5800.35	2349.55
2013	8438.5	187685	6297.6	25559.91	13725.19	6402.1	1884.95
2014	8233.3	222440	6836.98	27371.79	14970.03	6462.63	2087.53
2015	7218.21	235466.04	7430.38	28679.79	16546.03	6618	2030

数据来源：《中国林业统计年鉴（2015）》

我国林产品制造在世界上占有重要地位，但随着全面停止生态林商业性采伐以及全面建设生态文明的意见的提出，使得我国木材资源砍伐减少。我国目前面临着巨大的木材缺口，加上新产品、新技术的缺乏，目前我国林业制造业面临较大的挑战。从我国的原木砍伐和原木进口量分析，我国是世界上的木材消耗大国。从原木采伐加量上看，我国原木采伐量增长较平缓，2000 年我国原木采伐为 4100 万立方米，到 2015 年总采伐量为 6546 万立方米（如图 5-1 所示），相较于整个林业制造业高速的增长率，木材砍伐的平均增长率为 4%，且在 2002、2009、2011、2014、2015 年均出现采伐量下滑的情况（如图 5-2 所示），随着生态环境保护意识的增强以及全面禁伐政策的实施，我国原木采伐量将在未来继续呈现下降趋势。与原木砍伐相对应的是我国目前巨大的原木进口量，根据《林业统计年鉴》2015 年度的数据，我国原木进口额从 2000 年的 16.5 亿美元增长到 2014 年的 80 亿美元，平均年增长率达到 23%。

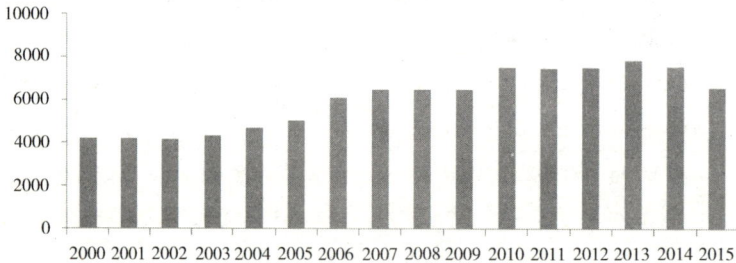

图 5-1 2000—2015 年我国原木采伐量（单位：万立方米）

数据来源：《中国人造板产业报告（2015）》

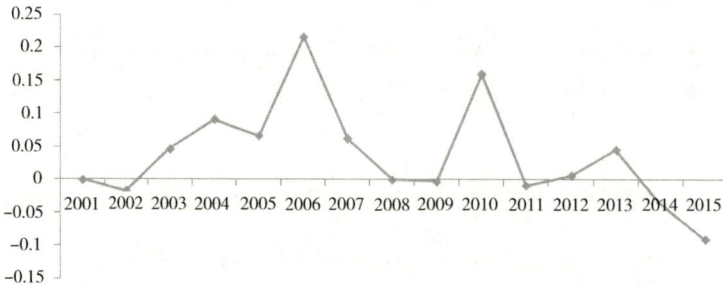

图 5-2 原木采伐量的增长率（单位：%）

130

5.2 木材加工及木竹藤棕草制品产业生态效率与脱钩指数评价

在本节中，将采用第2章介绍的生态效率方法和脱钩指数评价法（即公式（1）），分析木材加工及木竹藤棕草制品产业的产业增加值与环境压力的分离关系，并进一步探讨该产业的可持续发展水平。

根据国家对各行业主要环境影响指标的要求，本项研究选取了以下指标进行生态效率评价：能源消耗、废水排放量、化学需氧量（COD）排放量、氨氮（AN）排放量和产业总产值。数据收集来自以下统计年鉴（2001—2013年）：《中国能源统计年鉴》《中国环境统计年鉴》，《中国统计年鉴》和《中国林业统计年鉴》。表5-2显示了对木材加工及木竹藤棕草制品产业的生态效率评价结果。整体来看，我国木材加工及木竹藤棕草制品产业的各项生态效率指标呈现上升趋势（如图5-3所示）。13年间，能源效率的年均增长率为20.51%。2004年与2005年出现小幅下降后开始缓慢提升，2009年后开始显著增长。化学需氧量生态效率在2004年以后实现了连续6年的持续提升，而2011年相比于2010年下降了12%，此后化学需氧量的生态效率再次实现增长。

表5-2 木材加工及木竹藤棕草制品产业主要资源环境指标的生态效率结果

年份	能源效率 （元/吨）	废水排放生 态效率（元/吨）	化学需氧量生 态效率（万元/吨）	氨氮生态 效率（万元/吨）
2001	17879.92	2083.36	414.28	15607.33
2002	23559.27	2464.15	508.94	14061.48
2003	37211.75	1737.07	484.59	7083.32
2004	30437.03	1781.01	422.35	15163.93
2005	33609.76	2855.42	674.00	10024.73
2006	47999.67	5206.17	1258.86	46268.19

年份	能源效率（元/吨）	废水排放生态效率（元/吨）	化学需氧量生态效率（万元/吨）	氨氮生态效率（万元/吨）
2007	50319.45	6198.83	1837.24	46558.80
2008	50989.55	6946.76	2612.19	66687.22
2009	57590.42	8110.80	3388.19	83699.63
2010	73823.18	9917.46	4615.93	109961.10
2011	102898.77	19276.43	4052.50	216906.01
2012	129930.34	17240.25	5190.33	166006.97
2013	167776.82	33333.31	6592.19	260400.13

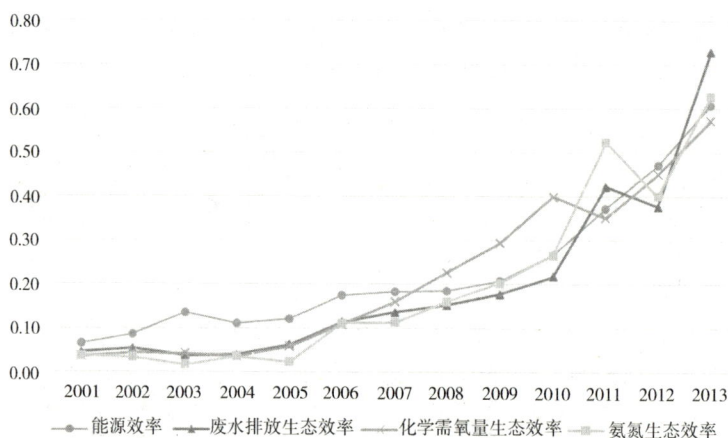

图 5-3 木材加工及木竹藤棕草制品产业主要
资源环境指标的生态效率变化趋势

注：图中显示的结果已标准化。

在分析了生态效率整体情况的基础上，本项研究进一步测算了各个指标的脱钩指数，如表 5-3 所示。能耗的脱钩情况在 2002—2013 年保持较好，仅在 2004 年出现了一次未脱钩状态。2005—2009 年连续保持相对脱钩，即能源消耗在增长，但其增速小于工业总产值的增长。

2010—2013 年连续四年实现绝对脱钩，即工业总产值在保持增长的同时，能源消耗已经开始下降。

废水排放的脱钩指数显示，2005—2008 年废水排放均未脱钩，说明这段时间废水排放量的增速比工业总产值增长得还要快。2009 年后，废水排放量的脱钩情况得到好转，实现了两年的相对脱钩，但 2011 年和 2013 年再次复钩。因此，木材加工及木竹藤棕草制品产业的废水排放量需要重点控制。

化学需氧量的脱钩表现较好，从 2005—2013 年基本连续保持绝对脱钩，说明在工业总产值的增长过程中，化学需氧量的排放量正在下降。氨氮排放的脱钩指数也表现较好，2006 年以后基本保持在绝对脱钩状态。

表 5 - 3　木材加工及木竹藤棕草制品产业主要资源环境指标的脱钩指数及评价

年份	能耗脱钩指数		废水排放脱钩指数		化学需氧量脱钩指数		氨氮脱钩指数	
2002	0.89	相对脱钩	0.51	相对脱钩	0.69	相对脱钩	- 0.41	未脱钩
2003	2.26	绝对脱钩	2.53	绝对脱钩	- 0.31	未脱钩	- 6.08	未脱钩
2004	- 1.11	未脱钩	0.90	相对脱钩	- 0.74	未脱钩	2.66	绝对脱钩
2005	0.46	相对脱钩	- 1.32	未脱钩	1.81	绝对脱钩	- 2.48	未脱钩
2006	0.97	相对脱钩	- 0.83	未脱钩	1.50	绝对脱钩	2.53	绝对脱钩
2007	0.51	相对脱钩	- 0.91	未脱钩	3.46	绝对脱钩	0.07	相对脱钩
2008	0.18	相对脱钩	- 0.49	未脱钩	3.97	绝对脱钩	4.04	绝对脱钩
2009	0.65	相对脱钩	0.22	相对脱钩	1.29	绝对脱钩	1.15	绝对脱钩
2010	1.03	绝对脱钩	0.18	相对脱钩	1.25	绝对脱钩	1.12	绝对脱钩
2011	1.07	绝对脱钩	- 1.63	未脱钩	- 0.53	未脱钩	1.87	绝对脱钩
2012	1.19	绝对脱钩	1.50	绝对脱钩	1.25	绝对脱钩	- 1.75	未脱钩
2013	1.29	绝对脱钩	- 3.42	未脱钩	1.22	绝对脱钩	2.08	绝对脱钩

5.3 人造板产业转型升级的机遇与挑战

5.3.1 人造板产业总体情况

中国木材加工业主要包括锯材加工、木片加工、人造板制造、胶合木加工、木制地板、卫生筷子、饰面板、层压板、单板、软木制品 10 大类。其中三板产业（即胶合板、纤维板及刨花板）是最主要的主导产业。人造板工业是重要原材料产业，与经济社会发展和人民生活息息相关。人造板工业以可再生、可回收和可生物降解的木材、竹材、农作物秸秆等生物质材料为原料，产品为木材制品生产、房屋建造、装饰装修等行业提供基础原材料。

人造板生产是综合利用和高效利用木材资源的主要途径之一，1 立方米人造板可替代 3 立方米原木使用。人造板生产有力地拉动了人工速生丰产用材林基地建设以及以农林间作、农田防护林、四旁造林等为主要方式的平原林业的发展。人造板工业有效缓解了经济社会发展对木材刚性需求的压力，缓解了木材供需矛盾，在保护天然林资源、可持续利用森林资源、发展循环经济战略中具有重要地位。对于建设资源节约型和环境友好型社会、促进人与自然和谐发展意义重大。人造板工业发展在带动农民增收、吸纳农村剩余劳动力、拉动关联产业发展、改善生态环境和维护木材安全方面也起到了积极作用。中国人造板生产实现了以木材资源为主的生物质资源的综合利用。胶合板、细木工板等单板类人造板生产以人工速生杨木、桉木、松木、杉木、竹材等为主要原料，纤维板、刨花板等非单板类人造板生产以采伐剩余物、造材剩余物、各类木材制品及单板类人造板生产过程中产生的加工剩余物等"三剩物"以及次小薪材、竹材、农作物秸秆、沙生灌木、果木、回收木材等为原料，树皮、砂光粉、锯末等副产品作为燃料用于人造板生产，实现了

"次材优用、小材大用"，有效提高了木材资源的综合利用水平。

我国是世界人造板生产大国，近15年来其总产值增长较快，其总产值从2000年的295亿元增长到2014年的6033亿人民币。人造板工业已成为我国林业产业的支柱之一，是我国实体经济的组成部分。平均年增长率为24%，即使在经济危机中也能保持8%的增长率（如图5-4所示）。从各类人造板的产量上分析（如图5-5所示），目前我国主要生产的人造板包括刨花板、纤维板和胶合板，其中胶合板产量最高。胶合板产量从2000年的904万立方米增长到2015年的16546万立方米，年平均增长率为18.7%。纤维板的产量从2000年的570万立方米增长到2014年的6618万立方米，年平均增长率为16.5%。刨花板从2000年的344万立方米增长到2014年的2030万立方米，年平均增长速度为18%（如图5-6所示）。从人造板的增长率角度分析，受到经济危机的影响，三板产量均在一定程度上出现减少，经济危机后，胶合板能够迅速从危机中摆脱，并在近4年维持年均超过15%的速度增长，而刨花板产值的增长率在2010年达到顶峰之后在2011及2012年呈现负增长，产量逐年下降。尽管作为世界生产人造板大国，我国的三板依然呈现出供不应求的状态，生产无法满足本国的需要，除了胶合板外，其余的刨花板和纤维板依然需要从外大额地进口。

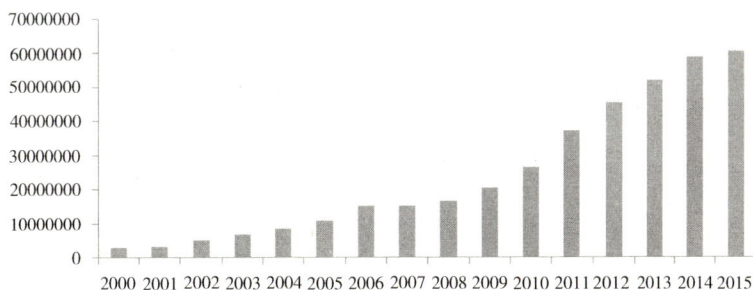

图5-4 2000—2015年我国人造板总产值（单位：万元）

数据来源：《中国人造板产业报告（2015）》

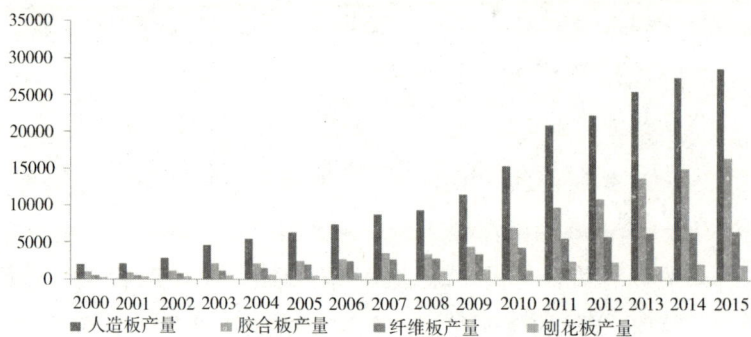

图 5-5 2000—2015 年各类人造板总产量（单位：立方米）

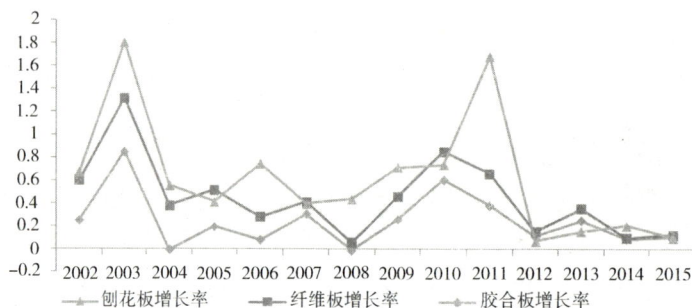

图 5-6 各类人造板总产量的增长率

中国是人造板消费大国。2014 年，全国人造板产品消费量约 2.49 亿立方米，比上年增长 3.4%，消费量居全球第一。以胶合板、纤维板、刨花板为主要板种的人造板产品广泛应用于家具、地板、门窗等木制品生产、装饰装修、产品包装、房屋建造以及集装箱生产等领域，人造板工业有力地支撑了下游产业的快速发展，满足了市场对木材制品的旺盛需求。如图 5-7 所示，过去 10 年人造板消费量年均增速 17.4%。

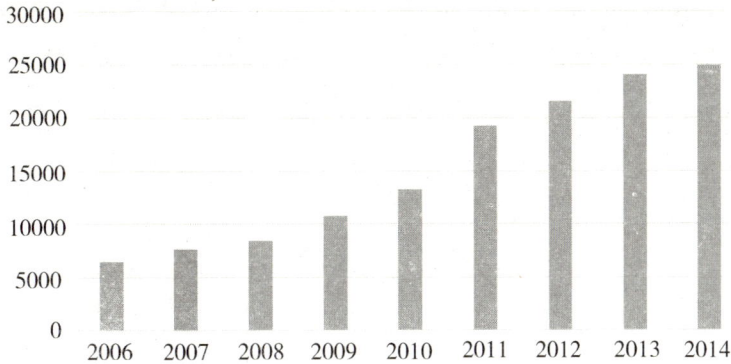

图 5 – 7　2006—2014 年全国人造板消费量（单位：万立方米）

数据来源：《中国人造板产业报告（2015）》

中国经济发展进入新常态，中国人造板产业正在转变发展方式以适应市场需求变化。多地政府出台政策推动和引导产业升级，企业不断谋求技术进步提升竞争力，落后产能淘汰加速，产业整体结构逐步优化提升，产业集中度逐步提高，全国人造板企业和从业人员数量呈现下降趋势。2014 年年底，全国人造板生产企业近 10000 家，直接从业人员约110 万人。

5.3.2　人造板的市场需求情况

在人造板的应用方面，主要在建筑行业、家具行业、地板行业、包装行业及其玩具、健身器材等领域。建筑业的高速发展使得市场中对人造板材的需求量持续增加，市场需求旺盛使得人造板制造企业的数量也不断增加。同时，我国家具行业也在以每年 20% 的速度增长，巨大的市场需求促进了人造板行业的发展，为人造板产业规模化生产奠定了良好的基础（刘庆，2014）。

（1）建筑业。人造板在建筑领域当中的应用主要体现在中纤板，主要被用于室内装饰、强化地板以及农用建筑物等方面。同时，墙体、门窗版、建筑模板等方面也有所涉及。我国人造板在建筑业当中的应用与其他国家相比仍然偏低，但随着我国城市化进程的不断加快，家具业、地板业的发展会促进中纤板的发展，使中纤板等人造板材拥有更大的发展空间，提高人造板在建筑行业当中消耗比例，使其达到40%以上，这也能够有效地带动人造板产业的发展。

（2）家具业。人造板在家具行业的应用占比很高，目前我国约有5万家的家具企业，家具出口额位居世界榜首。并且，随着城市化的不断推进和深入，农村消费成为家具消费的重要组成部分。随着家具业的发展，我国人造板材的市场需求仍然旺盛，对人造板产业的发展具有非常积极的推动作用。

（3）其他市场容量。目前，薄型中纤维板的应用也越来越广泛，很多轻工业企业采用薄型中纤维来制作高档的产品包装、家电产品、体育用品、车船制造以及玩具等，市场需求非常紧俏，甚至会出现供不应求的局面。

5.3.3　人造板产业发展的热点问题

5.3.3.1　原材料资源紧缺，制约行业发展

虽然人造板生产有力地拉动了我国人工速生丰产用材林基地建设以及平原林业的发展，但是，随着人造板生产能力的急剧膨胀以及生产量的迅速增长，支撑人造板工业发展的木材原料供应能力仍然跟不上人造板生产发展的进程，局部地区受原料供应能力的制约已出现生产增长停滞甚至回落现象。随着全面停止天然林商业性采伐政策的实施，原材料供需矛盾短期内将进一步加大，原料价格也将不断上涨，行业竞争更加激烈。

2015年2月8日，中共中央、国务院印发了《国有林场改革方案》和《国有林区改革指导意见》，标志着我国林业改革进入了国有林场、国有林区、集体林权制度三大改革全面推进的新阶段。该决策将推动实

现国有林场和国有林区由木材生产为主向生态修复和建设为主转变，由利用森林获取经济利益为主向保护森林提供生态服务为主转变。2016年我国全面停止非天保工程区国有林场天然林商业性采伐，2017年实现全面停止全国天然林商业性采伐，每年将减少天然林采伐量近5000万立方米。为此，胶合板生产将有2000万立方米的原料缺口需要大径人工林或进口材替代，纤维板和刨花板有3000万立方米的原料缺口需要人工林和抚育材填补。同时，受就业、环境因素影响，我国进口木材也将会受到部分原木出口国的法律、政策限制，各种贸易壁垒和非贸易壁垒出现亦有增加的趋势，长期依赖进口解决我国木材供给问题仍然存在不确定性，或对胶合板产量增长造成一定影响。因此，人造板企业要加快建设原料林基地，满足木材供给的长期需要，还要大力开拓农作物秸秆、芦苇、竹材、沙生灌木等非木质资源和城市废弃木材的循环利用，有条件的企业要抓住国家鼓励对外投资和"一带一路"建设机遇，在海外购买或租用林地，加快海外木材生产基地建设，进一步扩大对外合作，有效整合和利用全球森林资源。

5.3.3.2 人造板产业的发展布局

人造板产业将服从于《全国主体功能区规划》确定的大区域经济社会战略发展的总体布局，统筹兼顾区域生态建设、原料供应、市场需求、人造板产业发展等要素。人造板产业布局将适应区域环境承载能力和原料就近或市场就近原则。产业转移承接、梯度发展将成为优化国内人造板产业布局的动力，同时在国家"两种资源、两个市场"和"一带一路"等重大战略机遇的指引下，人造板产业将进一步扩大对外开放合作、优化开放布局、增进区域经济合作，"走出去"的步伐将不断加快。华东区将成为我国人造板工业率先启动由"大"变"强"进程的区域。区域内人造板生产以技术进步、淘汰落后为主要特征，新产品开发、新技术应用以及装备更新加速。该区域人造板产品生产总量占全国人造板产品生产量的比例将有所下降，但仍将以接近50%的比例保持我国人造板生产主要区域的地位。华南区将继续保持我国人造板产品第二大生产与消费区域的地位，该区域人造板产品生产总量占全国人造板产品生产量的比例将上升到 18% 以上。广西区丰富的林木资源将支撑其成为人造板工业重点发展区。

华北区人造板产品生产总量占全国人造板产品生产量的比例将下降，人造板产业发展将以产品结构调整为主线，单板类人造板产品比例将下降，非单板类人造板产品比例将上升，产品质量整体水平将提高。河北省将继续引领区域人造板产业发展，内蒙古自治区将在沙生灌木人造板生产领域取得发展。

产业转移承接将成为华中区人造板产业发展的机遇。河南省将成为人造板生产大省，以人工速生杨木及泡桐为主要树种的平原林业发展将为该省人造板产业发展提供有力支撑。西南区人造板产业将以适应区域环境承载能力为前提适度发展，在人造板产品结构方面将受市场引导出现调整。受天然林资源保护二期工程和停止天然林商业性采伐政策的影响，东北区人造板生产原料结构将发生变化，人造板产品结构将因此而调整，单板类人造板产品比例将上升，非单板类人造板产品比例将下降。

脱贫仍是西北区发展的主题。西北区人造板产业将以提高百姓生活水平、改善生活质量、促进生态建设保护生态环境、为经济发展作贡献为目标适度发展，把兴林和富民紧密结合起来发展人造板产业，以生态建设产业化、产业发展生态化理念推动该区域生态建设与人造板产业协调发展。

5.3.3.3　环保监管增强，需进一步提升清洁生产水平

2015 年 6 月 12 日，财政部与国家税务总局联合发布了《关于印发〈资源综合利用产品和劳务增值税优惠目录〉的通知》，对资源综合利用产品和劳务增值税优惠政策进行整合和调整。"三板"退税率调整为70%，同时规定凡列入环境保护部《环境保护综合名录》的"高污染、

高环境风险"产品或者重污染工艺，不予享受退税待遇。环境保护部发布的《关于提供环境保护综合名录（2015 年版）的函》规定，"凡符合指定国标和环境标志的人造板产品，即符合 GB/T11718 – 2009 生产标准的中密度纤维板产品、符合《室内装饰装修材料人造板及其制品中甲醛释放限量》（GB18580 – 2001）中甲醛释放限量 E1 标准及符合《环境标志产品技术要求人造板及其制品》（HJ571 – 2010）标准的刨花板和胶合板产品，不再列入"高污染、高环境风险"产品名录。环保"双高"产品目录与退税政策挂钩，将通过经济杠杆逐步把 E2 级人造板挤出市场。"十三五"期间，我国将以最严格的环保措施对人造板生产全过程进行监控，即将发布的《人造板污染物排放标准》将推动人造板企业按照有关环保要求，采用清洁生产工艺，强化生态环境责任，加快装备技术改造和产品创新升级，部分高污染、高能耗、高环境风险的企业或产品将被淘汰出局。

从现状来看，纤维板、刨花板等产品以"小材大用、次材优用及综合利用"等特点为中国木材资源的节约、综合利用及环境保护作出了巨大的贡献。多数企业根据国家标准要求，从工程设计、工程建设到生产运行等环节已实现了"废水、废气、废渣"等环境污染因素的达标排放，实现了清洁生产。这些人造板生产企业如果不能继续享受增值税即征即退政策，一方面将挫伤"剩余物"综合利用企业的积极性，不利于替代产品行业的发展，另一方面将对中国人造板产业造成重大冲击，并且直接影响下游产业发展和上游农民增收，甚至出现企业破产、职工下岗等一系列负面影响和社会问题。

此外，2011 年，国家环保总局印发《关于划分高污染燃料的规定》（环发〔2001〕37 号），规定直接燃用的生物质燃料（树木、秸秆、锯末、稻壳、蔗渣等）为高污染燃料。2014 年，环境保护部办公厅发文《关于城市高污染燃料禁燃区的管理规定》，其中规定原（散）煤、未经加工成型的各类生物质等均为高污染燃料，严禁在禁燃区内燃用。城市人民政府可以根据辖区空气质量改善要求，结合天然气等清洁能源供应、城市路网及天然气管网等基础配套建设情况，将城市建成区划定为禁燃区。有条件的城市可扩大禁燃区范围，由城市建成区逐步扩展到近郊。目前，北京、四川等多个地区城市已经确定禁燃区划定方案。禁燃区域的划定以及将未经加工成型的各类生物质列为高污染燃料，对目前位于禁燃区域内采用先进热能中心技术的人造板企业造成巨大的影响。

　　热能中心供热装置和技术已经发展成为人造板行业的主流节能、环保生产技术，热效率从以前使用普通锅炉的75%左右提高到90%以上，经除尘处理的热烟气直接作为生产用热，大大提高了热效率并降低了环境排放负荷。国务院发布的《节能减排"十二五"规划》（国发〔2012〕40号）中也明确要求，加快生物质能等清洁能源商业化利用。目前，生物质成型燃料使用已经获得部分政策突破，在环境保护部办公厅发文《关于城市高污染燃料禁燃区的管理规定（征求意见稿）》中对于生物质固体成型燃料，城市人民政府可根据实际情况，规定其在满足使用专用锅炉且配置袋式除尘器的条件时可以在禁燃区燃用。对于配置除尘设施的热能中心，也应获得生物质颗粒燃料同等适用政策，以推动行业健康发展。

6 资源环境约束下林业产业转型升级路径

6.1 造纸产业生态化转型的实现路径

6.1.1 以循环经济为导向的造纸产业绿色转型

如前文所述,造纸产业的污染问题一直是国家关注的重点,其多个污染指标的排放量远高于其他行业。我国已成为全球纸和纸板最大生产国和用纸大国,造纸工业已步入由成长期向成熟期转变发展的转型期,正处于调整结构、转型升级和寻求新平衡的过程中。工业和信息化部编制发布了《轻工业发展规划(2016～2020年)》。具体到造纸行业,《规划》指出要推动造纸工业向节能、环保、绿色方向发展。加强造纸纤维原料高效利用技术,高速纸机自动化控制集成技术,清洁生产和资源综合利用技术的研发及应用。循环经济的核心原则为"3R"原则,即减量化(Reduce)、再利用(Reuse)、资源化(Recycle)。这三大原则阐释了循环经济的主要目的:在企业进行工业生产的过程中,为了避免资源的浪费,首先要从源头减少对资源的采掘,在生产和使用中,要将能够循环使用的资源及能源进行及时回收,以提高单位数量资源的利用效率,节约生产能源的同时,避免对系统闭环外的污染物排放。

事实上，造纸工业是我国国民经济中具有循环经济特征的重要基础原材料产业。造纸工业的主要原料为木材纤维和非木材纤维，它们均为可再生资源。大多数纸类产品在使用后可加以回收和再利用（姚惠芳、张智光，2009）。此外，造纸生产的工艺过程已经可以实现减少资源消耗和污染、热电联产和清洁生产。随着循环经济、绿色产业链等新型可持续发展模式在各个行业的推广，目前在造纸行业的主要模式为林纸一体化和生态产业集群模式。

6.1.2 推动林纸一体化发展模式

6.1.2.1 林纸一体化的内涵

林纸一体化是指以造纸企业为主体，将制浆造纸企业与营造造纸林基地结合起来，通过资本纽带和经济利益，将原来分离的林、浆、纸三个环节整合在一起，将造林、营林、采伐、制浆、造纸结合起来，建设造纸企业和原料林基地，形成以纸养林、以林促纸、林纸结合的产业化格局，共同实现经济效益、社会效益、生态效益。我国自20世纪50年代开始探索林纸一体化的生产模式，曾尝试在大兴安岭林区、广东雷州林业局等地建立改革试点，但由于管理体制不顺畅、政策落实不到位以及缺乏资金等问题，试点工作没能继续推进。2010年，国家发布了《关于加快造纸工业原料林基地建设若干意见的通知》，对造纸林基地建设规划、税收政策、采伐管理等重大问题都作出了明确规定，并将造纸工业确定为国民经济的基础性产业（邹毅实，2006）。2003年年底，国务院批准了《全国林纸一体化工程建设"十五"及2010年专项规划》，为拓宽林纸一体化建设的融资渠道，国家对林纸一体化的建设注入资本金或贴息方式。由此，我国林纸一体化真正开始走上正轨。

在2011年发布的《造纸工业发展"十二五"规划》中提出，林纸一体化是产业发展的重点，应成为中国造纸产业可持续发展和绿色转型的趋势。通过林纸一体化，能够更好地发挥循环经济的作用，实现

"减污、增效、降耗、节能"的目标，提高原料的自给水平。"十三五"期间，中国将继续加快推进林纸一体化工程建设。

6.1.2.2 林纸一体化的管理模式

1. "公司＋基地"林纸一体化模式

"公司＋基地"林纸一体化模式是指我国制浆造纸企业营建自己原料基地，统一发展和管理的一种模式。这种模式的最大优点就是减少外部交易成本（Co），将交易成本内部化，实现高度的一体化。但在市场经济制度下，不存在国家计划规制下的资源配置，因此这种模式前期投入比较大，一旦投入资产专用型就比较高，适宜具有资金优势的造纸企业，或融资能力比较强的企业。但同时也增加了造纸企业内部交易成本（Ci），即组织成本或管理成本，但只要所增加的内部交易成本小于所减少的外部交易成本（Ci < Co），这种高度的一体化还是可选择的一种模式。

2. "公司＋基地＋林农"形式的林纸前向一体化模式

林纸前向一体化模式是指某一企业或公司沿着产业链的前端方向（基础或第一产业）进行的一体化发展和管理。该模式的特点是其一体化机制取决于该企业与前端产业经济主体间的契约形式，包括股份合作式，原料合同或订单式，原料收购式等。另一个特点是选择这种模式为主的企业通常规模不大，资金有限。这种方式对无法组建自己原料基地中小林纸企业来说是一种较好的模式，不但解决了自己的原料，也保证了林农的销售渠道。通过契约把林农等林木资源所有者与造纸企业结合成一个利益群体，将林农或其合作组织经营的林木作为造纸企业的原料基地，森林经营者将造纸企业作为稳定的林木市场。通过一定时期的合同，形成订单型的林纸一体化模式。在有限资金的情况下，这种通过契约规制一体化的交易成本（Cc）要比在市场条规制条件下寻找并购买原料的交易成本（Cm）减少了很多（Cc < Cm），而且不需要完全承担资产专用性过高带来的不确定性或者风险，因此这种一体化管理模式是

这类企业的较优选择。"公司＋基地＋林农"的发展模式带动了农户从事林业的积极性。当前林农的经营效率和技术依然较低，抵御风险的能力也不强是该模式的不足之处。

3. "林场＋公司"形式的林纸后向一体化模式

林纸后向一体化模式是指某一企业或公司沿着产业链的后端方向（加工或第二、三产业）进行的一体化发展和管理。同样该模式的特点是其一体化机制取决于该企业与后端产业经济主体间的契约形式，也包括股份合作式，原料供应合同或订单式，原料收购式等。另一个特点就是选择这种模式为主的企业通常是原料供应商，他们往往没有足够的资金或实力建立自己的加工厂。这种模式具有几个优势，一方面节约企业营林的专门人力资源，减少了营林成本，在经营管理技术上林场的专门人员可以发挥重要作用。但同时这种模式也具有不足之处，由于林木资源有较长的生产周期，南方一般林木都需要十几年的周期，其间由于林木生产具有很高的资产专用性，林木生产风险较高，收益不确定性较大，使得合作双方在投资、利益分享和风险共担上难以寻找到均衡点。同时目前很多林场基本上属于公有制经济主体，如很多经营商品林的国营或国有林场，市场经济制度规制下这种模式还需要进一步研究和讨论。

6.1.2.3　林纸一体化的作用和意义

1. 林纸一体化有利于解决我国造纸原料不足的问题

我国传统管理模式下的林业建设只依赖于林业部门，缺乏造纸等林产工业的带动，林业部门与林业企业的积极性不足。由于缺乏大力扶持和激励发展的林业政策和机制，造纸工业所需原料基本上依靠商品材供应而无固定的原料保证。通过林纸一体化建设自有原料林基地，与上游企业签订战略协议或组成战略同盟，将能确保木材定时、定量、定向、持续稳定供应，有助于提高企业的经济效益。

（1）有利于带动造纸产业链上下游协同发展

造纸企业建设自有原料林基地、与上游企业签订战略协议或组成战略同盟，实现林、浆、纸产业链的有机结合，将会充分调动造纸企业、林场和农民造林的积极性，形成制浆造纸、植树育林的良性循环。

（2）有利于减少污染，改善生态环境

木材制浆造纸在纸浆质量、纸张质量、经济效益、生态环境效等多个方面都要优于非木质纤维造纸。木浆制浆吨浆在耗水 30 吨以下，而草浆吨浆耗水则高达 200 吨，同样木浆制浆的 COD 排放量也大幅下降，先进的木浆制浆技术几乎可以做到零排放。发展木浆造纸，采用先进的制浆造纸技术、污染治理技术和节水措施，将显著减少水资源消耗和污染物排放。此外，实施林浆纸一体化工程，大力植树造林，有利于森林和植被的保护和恢复，对于改善我国的生态环境具有重要意义。

2. 林纸一体化的风险和问题

（1）原材料供应不稳定

造纸业对于原料的需求与我国森林资源现有的供应量有很大差距，尚满足不了造纸业发展的需要。尽管国家出台了《关于加快造纸工业原料林基地建设若干意见的通知》，对原料林基地实行计划单列，但是，造纸林的采伐包含在本地区年度限额采伐木材计划之内，也就是说，其采伐限额仍受整个地区限额的限制，无法真正做到采伐指标与原料林基地管理的配套，影响造林的积极性，从而无法保证原料林稳定的供应，阻碍了林纸一体化的发展。

（2）管理体制不完善

我国的林业和造纸业分属政府的两个行政主管部门，部门条块分割的局面阻碍了林纸一体化的发展，因此必须改变目前不完善的管理体制，减少产业发展的中间环节，节约经费，减少损失，而且便于新技术、新理念的推广与应用；另外，林业管理体制上的经营矛盾，如林地权属及流转问题也是制约林纸一体化发展的主要障碍。林纸一体化涉及的部门众多，要系统地协调好每个部门间的利益，需要尽快制定与林纸一体化建设相关的配套政策。

（3）资金链存在风险

造林投资收益期长、收益低、风险大，造成资金难到位。建设造纸原料林基地，既符合国家产业政策，又有很好的生态、社会、经济效益，政府和银行都应积极支持。而目前的情况是，造林在快速发展，但造林项目的审批和资金到位却极为迟缓，使已经行动起来的造林企业处在因资金供应不上而难以为继的困难境地。加上各种可能突发的林木的各种自然灾害及失控的税费负担，使浆纸企业营造基地林要面对取得土地资源，农民疑虑，资金来源，长达多年的培育与诸多风险，以及未可知的经济效益。

6.1.3　促进造纸产业实现生态产业集群

生态工业园是产业生态学在工业领域的具体实践。生态工业园是一种新型工业化组织形式，其依据循环经济和工业生态学原理设计并规划建立，通过园区不同企业间生产原料、工业废弃物的贸易交换机循环利用，建成该区域内物质代谢共生的产业链条，从而达到资源高效利用、生态环境保护、区域内产业协调发展的目标。生态工业园的目标，是要使一家企业的废弃物或副产品成为另一家企业的原料或能源，模拟自然系统的闭环循环，在产业系统中建立"生产者—消费者—分解者"的循环途径。与传统的"副产品等于废弃物"不同，这些副产品可以成为园区内其他企业的原材料或能源，进入到下一个生产环节，通过园区的合理规划，实现封闭的经济循环。因此，生态工业园既能够实现产业的集群效应，又能够确保物质和能源的有效利用，进而减少污染排放，实现经济与环境的双赢。

将生态工业园模式应用于造纸产业是从本质上解决造纸产业发展的瓶颈问题，它将有效消除造纸产业对环境污染的巨大压力，而且最大化地降低对自然资源的依赖，实现自给自足的生产模式，从而达到经济效益的最大化，是我国造纸产业未来发展的一个重要方向。造纸生态工业园的建设，实现围绕核心造纸企业的园区一体化、规模化、集成化，有利于缓解资源约束矛盾，推动造纸产业实施循环经济，是实现造纸工业可持续发展的重要途径。造纸生态工业园的建设实现了高效利用资源、从源头减轻污染的目标。传统造纸工业流程中，随着造纸产品的生产，在生产过程中产生的黑液、纤维废渣、二氧化硫等大多成为废弃物，造成对环境的极大污染，而造纸生态工业园的建设将有效改变这一状况。造纸生态工业园中造纸企业所产生的副产品将作于其他企业生产的原料，如化肥厂可将黑液进行木素提取生产出化肥、纤维废渣可以作为焚烧燃料为园区供热、二氧化硫可以经过化工厂的处理成为可再利用的硫化物等，这些曾经的污染源都成为了资源，不但降低企业生产成本，更能实现节能减排，这也符合我国对于未来工业发展的预期及建设环境友好型社会的目标。

我国造纸生态工业园的构建思路大体分为两类：一种是联合企业型造纸生态工业园，即依托某大型造纸企业，根据生产的各环节实现生态网络的组建，同时完成向生态工业园的过渡或全新构建；另一种是造纸企业集群到一定规模形成造纸生态工业园，即通过造纸企业的整合或兼并重组，优化造纸产业结构，形成造纸企业集群，实现原材料使用和副产品处理的"规模经济"，共同构建以造纸产业为主导的生态工业园。但严格来说，我国目前尚未形成真正意义上的造纸生态工业园。部分由造纸龙头企业参与建设的造纸生态工业园还未走出企业内部"小循环"的范畴，系统构建多由造纸龙头企业根据自己需要设立分公司或子部门实现原材料的供应、副产品的再利用及污染的防治减少，未真正通过经济纽带实现企业间的关联，达到互利互惠的目标；还有部分名义上的造纸生态工业园只是造纸企业的简单集聚，由于企业间的利益难以平衡，较难实现真正的密切合作，普遍存在过分依赖政策手段和行政命令达到园区建设目标的情况，因此，如何规划和构建符合产业生态学原理的造纸生态工业园仍然有深入探讨的空间。

关于造纸产业工业园区的规划，第一，要确定核心企业。该核心企业应当是一个大型造纸工业企业，能产生大规模原材料流、能源流、水资源流，并且废物及副产品产出量大，能带动和牵制其他节点企业的发展；同时该企业还应具备生态发展前景，欲使用或已采用环保型清洁制浆造纸生产技术和其他高新技术，有专门的环保投入来降低对环境的影响，主导并引导园区企业进行固体废弃物、废气的再利用及水资源、能量重复利用。第二，要选择补链企业。根据核心企业的工业代谢，以其废物及副产品为主要突破点，有针对性地引入补链企业，使核心企业的废物及副产品成为补链企业的原材料，进入下一环节生产。制浆造纸工业对环境的影响主要集中在三方面，即废气、废水（液）及废渣。欲实现造纸产业的生态化，完成向生态工业园的过渡和转化，首先就要实现造纸废弃物及副产品的妥善处理。第三，构建园区其他链条。除造纸核心企业和相关补链企业外，要实现造纸生态工业园内部资源循环、能量梯级利用和外部排放最小化，还需要其他链条的构建，主要包括物质循环链、能量梯级利用链、水循环利用链以及实现信息沟通交换的园区信息链。这些链条的构建将有助于优化园区系统内的能量流和物料流，提高资源利用效率，增加园区的经济和环境效益。第四，还要进行综合与完善。这一步的重点之一是弥补产业链条中的不足，防止企业数目过少或过于单一而导致生态产业链条缺乏灵活性，同时重视政策、法律、市场及园区管理等支撑服务系统的设计；另外，任何生态工业园的构建都不可能一步到位，即使是发展最早的丹麦卡伦堡生态工业园，其园区生态链及支撑体系仍在不断调整与完善中。因此，要以发展的观点看待我国造纸生态工业园的建设，不断进行生态产业链网的改造、完善与延伸。

6.2 木材加工及木竹藤棕草制品产业转型升级的实现路径

6.2.1 加快人工林资源建设，扩大原料来源渠道

当前，资源环境问题已成为我国经济社会可持续发展的最强约束，必须通过最严格的制度、最严密的法治为生态文明建设提供保障，将各类开发活动限制在资源环境可承载能力之内。《国有林场改革方案》及《国有林区改革指导意见》也明确指出，保护森林和生态是建设生态文明的根基，深化生态文明体制改革，健全森林与生态保护制度是首要任务。要推动林业发展模式由木材生产为主转变为生态修复和建设为主、由利用森林获取经济利益为主转变为保护森林提供生态服务为主，建立有利于保护和发展森林资源、有利于改善生态和民生、有利于增强林业发展活力的国有林场新体制，为维护国家生态安全、保护生物多样性、建设生态文明做出更大贡献。据此，制订了天然林全面停止商业性采伐方案。2015 年 3 月，全面停止天然林商业性采伐方案确定。全面停止天然林商业性采伐将分三步实施，2015 年全面停止内蒙古、吉林等重点国有林区天然林商业性采伐，2016 年全面停止非天保工程区国有林场天然林商业性采伐，2017 年实现全面停止全国天然林商业性采伐。全面停止天然林商业性采伐后，除适当扩大人工林采伐和木材进口外，国家正在建立国家用材林储备制度，立足国内解决木材需求问题。根据初步规划，2020 年我国将建设国家储备林基地 2 亿亩，建成后每年可新增木材供应能力 1.5 亿立方米，全面实现由采伐天然林向采伐人工林的历史性转变。在这一轮由天然林向人工林转型的过程中，受天然林禁伐、限伐政策影响，商品木材的产量必将大幅减少，木材需求缺口将进一步扩大，木材供需的结构性矛盾必然会加剧。

　　在木材加工及木竹藤棕草制品产业中，人造板产业是最重要的支柱产业。而人造板行业的发展，在很大程度上依赖于原材料的供应。因此，天然林保护政策全面实施后，人造板行业发展的根本出路首先在于解决原料问题，增加原料供应，开发新的原料种类和来源。大力发展人工林和速生丰产工业原料林，逐步形成以人工林、速生丰产工业原料林为主体的木质原料来源。鼓励林业相关部门、林场和个人以多种形式和经营模式投资建设速生丰产工业原料林。可以采用林权收购、公司加农户、订单林业等多种经营模式，鼓励私营企业、个体经营户采取个体承包、专业队伍承包，以场带户等多种形式租赁、承包荒山和坡耕地营造速生丰产工业原料林，扩大原料林来源。同时，积极开发其他非木材原料，如竹材、麦秸、稻草、甘蔗渣等。另外，鼓励适当从木质资源丰富的国家进口木材，缓解我国木材资源供需的矛盾。林业企业通过走出去战略，深深融入到国际经济环境中，合法参与国际木材资源的生产与配置。趁金融危机后重新洗牌的国际市场局势，鼓励创新合作方式，通过海外并购或合作开发林地等形式更好更直接地获取海外木材资源；可以利用北美、俄罗斯、澳大利亚、新西兰等国家的资源优势，开展海外木材资源供给战略合作，争取签订长期的森林开发与木材贸易协议，形成稳定的木材进口渠道，扩大资源来源渠道。另外，要立足国内，建设一批国家木材战略储备生产基地，提高木材生产能力，增加立木储备，在保护好天然林的同时，尽快增加国内木材供给；将免征原木和锯材进口关税扩大到单板、单板层积材、结构用胶合板、定向刨花板、家具和木制品的半成品等利用优质木材资源而成的产品；逐步减少直至取消木材及其制品出口退税政策，不鼓励乃至逐步限制木材及其制品出口，减少我国木材资源压力；继续鼓励发展人造板及其深加工产业，提高木材综合利用水平；建立城市废旧木材回收体系，提高木材的循环利用；实施木材节约战略，规范和强化木材干燥与防腐，延长木材及其制品使用寿命。

6.2.2 提高环保标准，加快提升创新水平

从 2014 年开始，国内房地产市场开始"退烧"，经济发展开始减速，下游产业市场景气度降低，部分人造板产品和区域产能过剩，全国人造板产量年增长率也由 2012 年前的两位数降低到一位数，不少企业开始减产甚至陷入经营困境。但从国家经济发展长期看好的大势分析，我国人造板业经过短期低速调整、转型升级后，将会出现一个以绿色生产和绿色消费为平台、中高档产品为主体的较长的中高速增长期。2015 年"毒地板"事件的阴霾一直影响着我国人造板及其制品的出口，加上美国提高了人造板的进口门槛、反倾销税率达到 13.74% 和全球经济回升缓慢，导致我国胶合板和实木复合地板成本上升、出口受阻，人造板企业寻求要素整合和全球布局迫在眉睫。人造板企业要抓住目前国际经济低迷、国内经济调整的有利时机，通过加大技改力度，提高装备水平，力求节能降耗提高生产效益，机器换人提高质量效率，减少污染提高社会效益；力争企业资产资本化、销售品牌化、生产标准化、产能规模化、信息网络化、产品功能化、服务定制化；企业要借助《中国制造 2025》计划的实施、互联网和机器人技术的发展，实现从生产设备、工艺流程、产品设计、产品营销、定制生产到售后服务的全面转型升级。当前，我国人造板行业必将展开较大规模的企业重组和结构调整，以持续绿色生产、引领绿色消费为己任，以改革创新为动力，以生产一流产品、提供一流服务、实现一流经济和社会效益为目标的人造板行业转型升级，必将大大缩短产业调整周期、重振产业发展新动力，推动我国从人造板大国到人造板强国目标迈进。

6.2.3 加快产品结构调整和企业转型升级

根据当前市场疲软、木材资源不足、经营困难等现存问题，企业应按照高质量、高效益、可持续发展的要求，加快转变经济发展方式，深

化人造板产业结构战略性调整，改造提升传统产业。一是发挥市场配置资源的决定性作用和政府宏观调控的引导作用，鼓励人造板企业并购重组，走规模化、专业化、集约化、集团化的发展道路。二是根据国内外市场需求的变化，进一步调整产业结构。具体来说，可以从以下几个方面考虑：第一，开发高档装饰人造板，以适应家具、室内装修对高档板材的新要求；第二，顺应环保大趋势，开发环保人造板；第三，针对我国建筑用人造板和结构用人造板的需求，开发结构用人造板；第四，积极开发食品包装用、仪器设备包装用等包装用人造板，以满足特殊市场需求；第五，开发轻质人造板，以减少或节约木材资源的利用。三是加大淘汰落后产能的力度，鼓励企业实施技术改造，通过设备更新和技术改造，提升生产效率，减少劳动力用工成本。四是适当延伸产业链，增加附加值。五是培育龙头企业，发挥龙头企业的辐射和带动作用。

此外，低廉劳动力的比较优势支持我国一路走来成为"世界木材加工厂"，但由于人造板行业科研投入不够、创新能力不强，大部分企业仍停留在产业链的低端，生产自动化水平低、产品技术质量跟不上市场需求，人造板及制品出口仍以 OEM 贴牌生产为主。近年来人民币升值，劳动力、原材料、能源环保等生产成本要素不断攀升，以至于我国中低端的产品成本高于东盟等发展中国家，高端的产品技术质量低于欧美发达国家，这直接影响到我国人造板产品的出口。因此，大型人造板企业应着手在全球范围内寻求要素和市场整合，或逐步向森林资源富集的国家转移产能、开拓市场，实现跨国经营。

"十三五"期间，"转变发展方式、优化产业结构、实现供需平衡"将成为中国人造板产业的发展主线，五项坚持将是产业健康发展的重要支点，一是必须坚持生态、环境、社会、经济协调发展的绿色经济理念，与区域生态承载能力和环境空间容量相适应，注重清洁生产、安全生产，实现绿色增长，推动产业升级；二是必须坚持以林木等生物质资源的可持续利用为立足点，合理有效利用林木资源，提高资源综合利用水平，夯实产业发展基础；三是必须坚持以市场需求为导向，引导理性消费和正确价值观，提供安全、健康、环保、符合市场需求的产品，满足个性化、多样化的消费新趋势，推进产业市场化进程；四是必须坚持以技术创新为动力，优化产业结构，转变发展方式，提升人造板产业发展质量和效益，实现产业由规模扩张型向质量效益型转变；五是必须坚持强化市场监管，加强产品质量监督机制和检验检测机构建设，加大对劣质人造板生产、销售、使用的监管和打击力度，确保人造板产品质量安全，为产业健康发展保驾护航。

参考文献

(1) Akhundzadeh M. & Shirazi B., "Technology Selection and Evaluation in Iran's Pulp and Paper Industry Using 2 – Filterd Fuzzy Decision Making Method", Journal of Cleaner Production, 2017, 142, Part 4, pp. 3028 ~ 3043.

(2) Allenby B., "Earth Systems Engineering: The Role of Industrial Ecology in an Engineered World", Journal of Industrial Ecology, 1998, 2 (3), pp. 73 ~ 93.

(3) Andersson L. F., Bergquist A., Eriksson R., "Profits, Dividends and Industry Restructuring: The Swedish Paper and Pulp Industry Between 1945 and 1977", Scandinavian Economic History Review, 2016, 64 (3), pp. 278 ~ 296.

(4) Arabi B., Doraisamy S. M., Emrouznejad A., Khoshroo A., "Eco – efficiency measurement and material balance principle: an application in power plants Malmquist Luenberger Index", Annals of Operations Research, 2016, pp. 1 ~ 19.

(5) Arabi B., Munisamy S., Emrouznejad A., "A new slacks – based measure of Malmquist – Luenberger index in the presence of undesirable outputs", Omega, 2015, 51, pp. 29 ~ 37.

(6) Baas L. W. & Boons F. A., "An industrial ecology project in practice: exploring the boundaries of decision – making levels in regional industrial systems", Journal of Cleaner Production, 2004, 12 (8 – 10), pp. 1073 ~ 1085.

(7) Baas L., "Industrial symbiosis in the Rotterdam Harbour and Industry Complex: reflections on the interconnection of the techno – sphere with the social system", Business Strategy and the Environment, 2008, 17 (5), pp. 330 ~ 340.

(8) Barkemeyer R., Holt D., Preuss L., Tsang S., "What Happened to the 'Develop-

ment' in Sustainable Development? Business Guidelines Two Decades After Brundtland", Sustainable Development, 2014, 22（1）, pp. 15～32.

（9）Boons F. A. A. & Baas L. W. , "Types of industrial ecology: The problem of coordination", Journal of Cleaner Production, 1997, 5（1）, pp. 79～86.

（10）Boons F. & Roome N. , "Industrial Ecology as a Cultural Phenomenon: On Objectivity as a Normative Position", Journal of Industrial Ecology, 2000, 4（2）, pp. 49～54.

（11）Boons F. , Spekkink W. , Mouzakitis Y. , "The dynamics of industrial symbiosis: a proposal for a conceptual framework based upon a comprehensive literature review", Journal of Cleaner Production, 2011, 19（9 - 10）, pp. 905～911.

（12）Chappin M. M. H. , Meeus M. T. H. , Hekkert M. P. , Vermeulen W. J. V. , "Dynamic perspective on the relation between environmental policy and eco - efficiency: the case of wastewater treatment, waste and energy efficiency in the Dutch paper and board industry", Progress in Industrial Ecology, 2007, 4（1 - 2）, pp. 19～41.

（13）Charnes A. , Cooper W. W. , Rhodes E. , "Measuring the efficiency of decision making units", European Journal of Operational Research, 1978, 2（6）.

（14）Chen J. , Song M. , Xu L. , "Evaluation of environmental efficiency in China using data envelopment analysis", Ecological Indicators, 2015, 52, pp. 577～583.

（15）Chertow M. R. , "The Eco - industrial Park Model Reconsidered", Journal of Industrial Ecology, 1998, 2（3）, pp. 8～10.

（16）Chertow M. R. , "'Uncovering' Industrial Symbiosis", Journal of Industrial Ecology, 2007, 11（1）, pp. 11～30.

（17）Chertow M. R. , Ashton W. S. , Espinosa J. C. , "Industrial Symbiosis in Puerto Rico: Environmentally Related Agglomeration Economies", Regional Studies, 2008, 42（10）, pp. 1299～1312.

（18）Chertow M. R. , Ashton W. S. , Espinosa J. C. , "Industrial Symbiosis in Puerto Rico: Environmentally Related Agglomeration Economies", Regional Studies, 2008, 42（10）, pp. 1299～1312.

（19）Chertow M. , "INDUSTRIAL SYMBIOSIS: Literature and Taxonomy", 2000, 25, pp. 313～337.

（20）Chiu A. S. F. & Yong G. , "On the industrial ecology potential in Asian Developing Countries", Journal of Cleaner Production, 2004, 12 (8 - 10), pp. 1037~1045.

（21）Chung Y. H. , Färe R. , Grosskopf S. , "Productivity and Undesirable Outputs: A Directional Distance Function Approach", Journal of Environmental Management, 1997, 51 (3), pp. 229~240.

（22）Costa I. & Ferr? o P. , "A case study of industrial symbiosis development using a middle - out approach", Journal of Cleaner Production, 2010, 18 (10 - 11), pp. 984 ~992.

（23）Costa I. , Massard G. , Agarwal A. , "Waste management policies for industrial symbiosis development: case studies in European countries", Journal of Cleaner Production, 2010, 18 (8), pp. 815~822.

（24）Dai Z. , Guo L. , Jiang Z. , "Study on the industrial Eco - Efficiency in East China based on the Super Efficiency DEA Model: an example of the 2003 - 2013 panel data", Applied Economics, 2016, 48 (59), pp. 5779~5785.

（25）Deutz P. & Gibbs D. , "Eco - industrial development and economic development: industrial ecology or place promotion?", Business Strategy and the Environment, 2004, 13 (5), pp. 347~362.

（26）Dias - Sardinha I. , Reijnders L. , Antunes P. , "From environmental performance evaluation to eco - efficiency and sustainability balanced scorecards", Environmental Quality Management, 2002, 12 (2), pp. 51~64.

（27）Doménech T. & Davies M. , "The role of Embeddedness in Industrial Symbiosis Networks: Phases in the Evolution of Industrial Symbiosis Networks", Business Strategy and the Environment, 2011, 20 (5), pp. 281~296.

（28）Ehrenfeld J. R. , "Industrial ecology: A framework for product and process design", Journal of Cleaner Production, 1997, 5 (1), pp. 87~95.

（29）Ehrenfeld J. , "Industrial ecology: a new field or only a metaphor?", Journal of Cleaner Production, 2004, 12 (8 - 10), pp. 825~831.

（30）Ehrenfeld J. & Gertler N. , "Industrial Ecology in Practice: The Evolution of Interdependence at Kalundborg", Journal of Industrial Ecology, 1997, 1 (1), pp. 67~79.

（31）Erkman S. , "Industrial ecology: An historical view", Journal of Cleaner Production, 1997, 5 (1), pp. 1~10.

（32）Esty D. C. & Porter M. E. , "Industrial Ecology and Competitiveness", Journal of Industrial Ecology, 1998, 2 (1), pp. 35~43.

（33）Fan Y. , Bai B. , Qiao Q. , Kang P. , Zhang Y. , Guo J. , "Study on eco – efficiency of industrial parks in China based on data envelopment analysis", Journal of Environmental Management, 2017, 192, pp. 107~115.

（34）Färe R. , Grosskopf S. , Lovell C. A. K. , Pasurka C. , "Multilateral Productivity Comparisons When Some Outputs are Undesirable: A Nonparametric Approach", The Review of Economics and Statistics, 1989, 71 (1), pp. 90~98.

（35）Figge F. & Hahn T. , "Sustainable Value Added—measuring corporate contributions to sustainability beyond eco – efficiency", Ecological Economics, 2004, 48 (2), pp. 173~187.

（36）Frosch R. A. , "Industrial ecology: a philosophical introduction", Proceedings of the National Academy of Sciences, 1992, 89 (3), pp. 793~797.

（37）Geng Y. & Doberstein B. , "Developing the circular economy in China: Challenges and opportunities for achieving leapfrog development", International Journal of Sustainable Development & World Ecology, 2008, 15 (3), pp. 231~239.

（38）Geng Y. , Zhang P. , C? té R. P. , Fujita T. , "Assessment of the National Eco – Industrial Park Standard for Promoting Industrial Symbiosis in China", Journal of Industrial Ecology, 2009, 13 (1), pp. 15~26.

（39）Ghisellini P. , Cialani C. , Ulgiati S. , "A review on circular economy: the expected transition to a balanced interplay of environmental and economic systems", Journal of Cleaner Production, 2016, 114, pp. 11~32.

（40）Gibbs D. & Deutz P. , "Implementing industrial ecology? Planning for eco – industrial parks in the USA", Geoforum, 2005, 36 (4), pp. 452~464.

（41）Gibbs D. , Deutz P. , Proctor A. , "Industrial ecology and eco – industrial development: A potential paradigm for local and regional development?", Regional Studies, 2005, 39 (2), pp. 171~183.

（42）Graedel T. , "On the Concept of Industrial Ecology", 1996, 21, pp. 69~98.

（43）Heeres R. R. , Vermeulen W. J. V. , de Walle F. B. , "Eco – industrial park initiatives in the USA and the Netherlands: first lessons", Journal of Cleaner Production, 2004,

12 (8 - 10), pp. 985 ~ 995.

(44) Helminen R. , "Developing tangible measures for eco – efficiency: the case of the Finnish and Swedish pulp and paper industry", Business Strategy and the Environment, 2000, 9 (3), pp. 196 ~ 210.

(45) Holden E. , Linnerud K. , Banister D. , "The Imperatives of Sustainable Development", Sustainable Development, 2016.

(46) Hua Z. , Bian Y. , Liang L. , "Eco – efficiency analysis of paper mills along the Huai River: An extended DEA approach", Omega, 2007, 35 (5), pp. 578 ~ 587.

(47) Hua Z. , Bian Y. , Liang L. , "Eco – efficiency analysis of paper mills along the Huai River: An extended DEA approach", Omega, 2007, 35 (5), pp. 578 ~ 587.

(48) Huppes G. & Ishikawa M. , "A Framework for Quantified Eco – efficiency Analysis", Journal of Industrial Ecology, 2005, 9 (4), pp. 25 ~ 41.

(49) Jacobsen N. B. , "Industrial Symbiosis in Kalundborg, Denmark: A Quantitative Assessment of Economic and Environmental Aspects", Journal of Industrial Ecology, 2006, 10 (1 – 2), pp. 239 ~ 255.

(50) Jorgenson A. K. & Clark B. , "Are the Economy and the Environment Decoupling? A Comparative International Study, 1960 – 2005", American Journal of Sociology, 2012, 118 (1), pp. 1 ~ 44.

(51) Korhonen J. , "Two Paths to Industrial Ecology: Applying the Product – based and Geographical Approaches", Journal of Environmental Planning and Management, 2002, 45 (1), pp. 39 ~ 57.

(52) Korhonen J. , von Malmborg F. , Strachan P. A. , Ehrenfeld J. R. , "Management and policy aspects of industrial ecology: an emerging research agenda", Business Strategy and the Environment, 2004, 13 (5), pp. 289 ~ 305.

(53) Korhonen P. J. & Luptacik M. , "Eco – efficiency analysis of power plants: An extension of data envelopment analysis", European Journal of Operational Research, 2004, 154 (2), pp. 437 ~ 446.

(54) Koskela M. , "Measuring eco – efficiency in the Finnish forest industry using public data", Journal of Cleaner Production, 2015, 98, pp. 316 ~ 327.

(55) Kuosmanen T. & Kortelainen M. , "Measuring Eco – efficiency of Production with

Data Envelopment Analysis", Journal of Industrial Ecology, 2005, 9 (4), pp. 59~72.

(56) Kuosmanen T. & Kortelainen M., "Measuring Eco – efficiency of Production with Data Envelopment Analysis", Journal of Industrial Ecology, 2005, 9 (4), pp. 59~72.

(57) Liu X., Chu J., Yin P., Sun J., "DEA cross – efficiency evaluation considering undesirable output and ranking priority: a case study of eco – efficiency analysis of coal – fired power plants", Journal of Cleaner Production, 2017, 142, Part 2, pp. 877~885.

(58) Long X., Zhao X., Cheng F., "The comparison analysis of total factor productivity and eco – efficiency in China's cement manufactures", Energy Policy, 2015, 81, pp. 61~66.

(59) Lowe E., "Industrial ecology – an organizing framework for environmental management", Environmental Quality Management, 1993, 3 (1), pp. 73~85.

(60) Masuda K., "Measuring eco – efficiency of wheat production in Japan: a combined application of life cycle assessment and data envelopment analysis", Journal of Cleaner Production, 2016, 126, pp. 373~381.

(61) Mirata M., "Experiences from early stages of a national industrial symbiosis programme in the UK: determinants and coordination challenges", Journal of Cleaner Production, 2004, 12 (8 – 10), pp. 967~983.

(62) Mirata M. & Emtairah T., "Industrial symbiosis networks and the contribution to environmental innovation: The case of the Landskrona industrial symbiosis programme", Journal of Cleaner Production, 2005, 13 (10 – 11), pp. 993~1002.

(63) Robaina – Alves M., Moutinho V., Macedo P., "A new frontier approach to model the eco – efficiency in European countries", Journal of Cleaner Production, 2015, 103, pp. 562~573.

(64) Seager T. P. & Theis T. L., "A uniform definition and quantitative basis for industrial ecology", Journal of Cleaner Production, 2002, 10 (3), pp. 225~235.

(65) Seppälä J., Melanen M., Mäenpää I., Koskela S., Tenhunen J., Hiltunen M., "How Can the Eco – efficiency of a Region be Measured and Monitored?", Journal of Industrial Ecology, 2005, 9 (4), pp. 117~130.

(66) Sueyoshi T. & Yuan Y., "China's regional sustainability and diversified resource allocation: DEA environmental assessment on economic development and air pollution", Energy Economics, 2015, 49, pp. 239~256.

（67）Sueyoshi T. , Yuan Y. , Goto M. , "A literature study for DEA applied to energy and environment", Energy Economics, 2017, 62, pp. 104 ~ 124.

（68）Sun L. , Li H. , Dong L. , Fang K. , Ren J. , Geng Y. , Fujii M. , Zhang W. , Zhang N. , Liu Z. , "Eco – benefits assessment on urban industrial symbiosis based on material flows analysis and emergy evaluation approach: A case of Liuzhou city, China", Resources, Conservation and Recycling, 2017, 119, pp. 78 ~ 88.

（69）Thant M. M. & Charmondusit K. , "Eco – efficiency assessment of pulp and paper industry in Myanmar", Clean Technologies and Environmental Policy, 2009, 12（4）, pp. 427 ~ 439.

（70）Tone K. , "Dealing with Undesirable Outputs in DEA: A Slacks – based Measure（SBM）Approach", Grips Research Report Series I, 2003, 5.

（71）Valadkhani A. , Roshdi I. , Smyth R. , "A multiplicative environmental DEA approach to measure efficiency changes in the world's major polluters", Energy Economics, 2016, 54, pp. 363 ~ 375.

（72）van Berkel R. & Lafleur M. , "Application of an industrial ecology toolbox for the introduction of industrial ecology in enterprises—II", Journal of Cleaner Production, 1997, 5（1）, pp. 27 ~ 37.

（73）Van Berkel R. , Fujita T. , Hashimoto S. , Geng Y. , "Industrial and urban symbiosis in Japan: Analysis of the Eco – Town program 1997 – 2006", Journal of Environmental Management, 2009, 90（3）, pp. 1544 ~ 1556.

（74）van Berkel R. , Willems E. , Lafleur M. , "Development of an industrial ecology toolbox for the introduction of industrial ecology in enterprises—I", Journal of Cleaner Production, 1997, 5（1）, pp. 11 ~ 25.

（75）van Berkel R. , Willems E. , Lafleur M. , "The Relationship between Cleaner Production and Industrial Ecology", Journal of Industrial Ecology, 1997, 1（1）, pp. 51 ~ 66.

（76）Wang Y. , Liu J. , Hansson L. , Zhang K. , Wang R. , "Implementing stricter environmental regulation to enhance eco – efficiency and sustainability: a case study of Shandong Province's pulp and paper industry, China", Journal of Cleaner Production, 2011, 19（4）, pp. 303 ~ 310.

（77）Yang L. & Zhang X. , "Assessing regional eco – efficiency from the perspective of resource, environmental and economic performance in China: A bootstrapping approach in global data envelopment analysis", Journal of Cleaner Production, 2016.

(78) Yang S. & Feng N., "A case study of industrial symbiosis: Nanning Sugar Co., Ltd. in China", Resources, Conservation and Recycling, 2008, 52 (5), pp. 813~820.

(79) York R. & Rosa E. A., "Key Challenges to Ecological Modernization Theory", Organization & Environment, 2003, 16 (3), pp. 273~288.

(80) Yörük B. K. & Zaim O., "Productivity growth in OECD countries: A comparison with Malmquist indices", Journal of Comparative Economics, 2005, 33 (2), pp. 401~420.

(81) Yu C., Davis C., Dijkema G. P. J., "Understanding the Evolution of Industrial Symbiosis Research", Journal of Industrial Ecology, 2014, 18 (2), pp. 280~293.

(82) Yu C., Davis C., Dijkema G. P. J., "Understanding the Evolution of Industrial Symbiosis Research", Journal of Industrial Ecology, 2014, 18 (2), pp. 280~293.

(83) Yu C., de Jong M., Cheng B., "Getting depleted resource – based cities back on their feet again – the example of Yichun in China", Journal of Cleaner Production, 2016, 134, Part A, pp. 42~50.

(84) Yu C., de Jong M., Dijkema G. P. J., "Process analysis of eco – industrial park development – the case of Tianjin, China", Journal of Cleaner Production, 2014, 64, pp. 464~477.

(85) Yu C., Dijkema G. P. J., de Jong M., "What Makes Eco – Transformation of Industrial Parks Take Off in China?", Journal of Industrial Ecology, 2015, 19 (3), pp. 441~456.

(86) Yu C., Dijkema G. P. J., de Jong M., Shi H., "From an eco – industrial park towards an eco – city: a case study in Suzhou, China", Journal of Cleaner Production, 2015, 102, pp. 264~274.

(87) Yu C., Shi L., Wang Y., Chang Y., Cheng B., "The eco – efficiency of pulp and paper industry in China: an assessment based on slacks – based measure and Malmquist – Luenberger index", Journal of Cleaner Production, 2016, 127, pp. 511~521.

(88) Yuan Z., Bi J., Moriguichi Y., "The Circular Economy: A New Development Strategy in China", Journal of Industrial Ecology, 2006, 10 (1－2), pp. 4~8.

(89) Zhang B., Bi J., Fan Z., Yuan Z., Ge J., "Eco – efficiency analysis of industrial

system in China：A data envelopment analysis approach"，Ecological Economics，2008，68（1－2），pp. 306~316.

（90）Zhao H.，Zhao H.，Guo S.，"Evaluating the comprehensive benefit of eco－industrial parks by employing multi－criteria decision making approach for circular economy"，Journal of Cleaner Production，2017，142，Part 4，pp. 2262~2276.

（91）白杨、邹志勇、王泽风：《山东造纸产业转型升级发展水平测度研究》，《中华纸业》，2016 年第 21 期。

（92）白忠菊、藏波、杨庆媛：《基于脱钩理论的城市扩张速度与经济发展的时空耦合研究——以重庆市为例》，《经济地理》，2013 年第 08 期。

（93）曹春昱：《〈2016 中国造纸产业竞争力报告〉发布》，《纸和造纸》，2017 年第 01 期。

（94）曹兰芳、王立群、戴永务：《湖南省林业产业结构灰色动态关联分析》，《林业经济问题》，2013 年第 02 期。

（95）曹朴芳：《新形势下造纸产业基本特征及发展展望》，《造纸信息》，2013 年第 05 期。

（96）曹媛媛、孙志宏：《内蒙古林业产业结构发展状况分析》，《林业经济问题》，2015 年第 01 期。

（97）查建平、唐方方、傅浩：《中国能源消费、碳排放与工业经济增长——一个脱钩理论视角的实证分析》，《当代经济科学》，2011 年第 06 期。

（98）陈浩、陈平、罗艳：《京津冀地区环境效率及其影响因素分析》，《生态经济》，2015 年第 08 期。

（99）陈红兵：《浅谈我国人造板产业发展与变革》，《中国人造板》，2015 年第 03 期。

（100）陈建铃、林伟明、刘燕娜：《我国造纸产业出口贸易隐含碳研究》，《中国造纸》，2016 年第 01 期。

（101）陈金寸：《低碳经济视角下林业产业结构与林业经济增长的实证探讨》，《企业改革与管理》，2016 年第 05 期。

（102）陈汝雅、许艺瀚：《从纸浆进口看我国造纸产业的结构调整与优化》，《中外企业家》，2016 年第 13 期。

（103）陈韶、李艳：《江苏省人造板产业分布状况分析》，《中国人造板》，2015 年第 04 期。

（104）陈文汇、刘俊昌、许单云：《基于投入产出模型的林业产业发展动态分析》，《林业经济问题》，2012 年第 03 期。

（105）陈翔、肖序：《中国工业产业循环经济效率区域差异动态演化研究与影响因素分析——来自造纸及纸制品业的实证研究》，《中国软科学》，2015 年第 01 期。

（106）陈竹、张翠梅、吕永松：《引领产业发展的区域典范——广东省 2015 年造纸行业发展情况及展望》，《中华纸业》，2016 年第 11 期。

（107）成金华、李悦、陈军：《中国生态文明发展水平的空间差异与趋同性》，《中国人口·资源与环境》，2015 年第 05 期。

（108）楚杰、段新芳、张冉：《我国人造板产业应对世界低碳经济模式的途径思考》，《世界林业研究》，2013 年第 01 期。

（109）戴永务、林伟明、许澎捷、余建辉：《技术创新与人造板产业国际竞争力提升策略研究》，《林业经济问题》，2012 年第 01 期。

（110）戴永务、余建辉、刘燕娜：《中国人造板产业内贸易现状与决定因素的实证分析》，《林业科学》，2012 年第 09 期。

（111）费威、刘心、杨晨：《基于 MFA 和 DEA 的区域经济环境效率评价——以辽宁省为例》，《生态学报》，2015 年第 11 期。

（112）奉钦亮、覃凡丁：《基于主成分分析的广西林业产业竞争力计量分析》，《广东农业科学》，2012 年第 04 期。

（113）奉钦亮、张大红：《我国林业产业区域竞争力实证研究》，《北京林业大学学报（社会科学版）》，2010 年第 01 期。

（114）付丽娜、陈晓红、冷智花：《基于超效率 DEA 模型的城市群生态效率研究——以长株潭"3 + 5"城市群为例》，《中国人口·资源与环境》，2013 年第 04 期。

（115）葛彩虹：《循环经济与传统产业的生态耦合性思考——以杭州富阳造纸产业为例》，《山东行政学院学报》，2016 年第 02 期。

（116）耿玉德、张朝辉：《东北国有林区林业产业生态系统的关键种企业识别研究》，《林业经济问题》，2013 年第 06 期。

（117）谷树忠、胡咏君、周洪：《生态文明建设的科学内涵与基本路径》，《资源科学》，2013 年第 01 期。

（118）顾寒琳、谷国锋、李岩、顾可蓁：《基于灰色系统理论的吉林省林业产业结构分析》,《东北林业大学学报》,2010 年第 09 期。

(119) 郭青俊:《中国人造板产业发展分析及对策研究》,北京林业大学,2011 年。

(120) 郝艺远:《中国造纸产业未来发展面临的挑战与机遇》,《中华纸业》,2014 年第 09 期。

(121) 何航伟、李佑忠:《江西省林业产业现状与发展》,《江西林业科技》,2010 年第 02 期。

(122) 何永达:《内生视角下产业集聚、技术创新与循环经济研究——以造纸业为例》,《企业经济》,2010 年第 08 期。

(123) 洪燕真、戴永务:《林业产业集群企业网络结构与创新绩效的关系——基于福建林业产业集群的调查数据》,《林业科学》,2015 年第 11 期。

(124) 胡鞍钢、郑京海、高宇宁、张宁、许海萍:《考虑环境因素的省级技术效率排名（1999—2005）》,《经济学（季刊）》,2008 年第 03 期。

(125) 胡彪、王锋、李健毅、于立云、张书豪:《基于非期望产出 SBM 的城市生态文明建设效率评价实证研究——以天津市为例》,《干旱区资源与环境》,2015 年第 04 期。

(126) 黄凌志、徐铁纯、秦文弟:《我国林业产业发展现状及对策研究》,《中国农业信息》,2014 年第 03 期。

(127) 黄勤、曾元、江琴:《中国推进生态文明建设的研究进展》,《中国人口·资源与环境》,2015 年第 02 期。

(128) 姜钰、姜崧:《基于循环经济的黑龙江省林业产业竞争力提升研究》,《农机化研究》,2008 年第 11 期。

(129) 姜钰、许馨:《黑龙江省林业产业集聚水平及效率测度分析》,《林业经济》,2016 年第 06 期。

(130) 解德艳:《我国木材加工产业现状及对策分析》,《林业勘查设计》,2013 年第 03 期。

(131) 金波、冯达、郭青俊:《低碳经济背景下中国人造板产业可持续发展战略探析》,《山西高等学校社会科学学报》,2013 年第 04 期。

(132) 金波、郭巧英:《人造板产业的密集度及成长动态因素的测算》,《统计与决策》,2014 年第 05 期。

(133) 金波、郭青俊:《中国人造板产业政策分析》,《现代工业经济和信息化》,

2012 年第 12 期。

（134）赖苇：《创新推动富阳传统造纸产业转型升级的思考》，《杭州科技》，2014年第 05 期。

（135）蓝瞻瞻、王立群：《我国林业产业链整合研究》，《北京林业大学学报（社会科学版）》，2011 年第 01 期。

（136）李斌：《我国经济发展与能源、环境、资源的关系——基于脱钩理论的分析》，《中国经贸导刊》，2012 年第 27 期。

（137）李春波：《基于低碳经济的林业产业竞争力研究》，《中国林业经济》，2012年第 04 期。

（138）李冬燕：《基于绿色 GDP 的大兴安岭地区林业产业结构演进分析及优化对策研究》，东北林业大学，2014 年。

（139）李桂兰、李敏华、韦苇、陆少华：《发展广西人造板产业的对策与建议》，《中国人造板》，2016 年第 09 期。

（140）李冉：《中国林业产业体系评价与增长机制研究》，北京林业大学，2013 年。

（141）李淑芳：《基于数据包络分析的城市生态旅游效率评价研究》，《科技广场》，2014 年第 07 期。

（142）李微：《东北内蒙古国有林区林业产业演进与发展研究》，东北林业大学，2012 年。

（143）李微、万志芳：《关于林业产业演进的理论探讨》，《世界林业研究》，2013年第 04 期。

（144）李微、万志芳、郑丽娟：《中国林业产业发展水平实证研究》，《商业研究》，2012 年第 06 期。

（145）李炜：《东北地区人造板产业现状及发展对策》，《中国人造板》，2013 年第 08 期。

（146）李永平、邹志勇、李传军：《我国造纸产业经济增长影响因素与趋势分析》，《中华纸业》，2011 年第 07 期。

（147）李元元：《北京市林业产业结构优化及相关问题研究》，北京林业大学，2006年。

（148）连素兰、何东进、纪志荣、洪伟、吴柳萍、曹彦：《低碳经济视角下福建省林业产业结构与林业经济协同发展研究——基于耦合协调度模型》，《林业经济》，2016

年第 11 期。

（149）梁晓超、冯俊华：《陕西造纸产业发展对策》，《中华纸业》，2012 年第 03 期。

（150）林伟明、戴永务、余建辉：《碳税政策对造纸产业国际竞争力的影响研究》，《国际贸易问题》，2015 年第 04 期。

（151）刘国兴：《推进我国林业产业发展改革的思考及建议》，《北京农业》，2014 年第 06 期。

（152）刘华波、杨海真、顾国维：《基于生态效率建立我国循环经济评价指标体系的思考》，《四川环境》，2006 年第 02 期。

（153）刘建：《关于林业产业结构变动对林业经济增长影响的思考》，《中国林业产业》，2016 年第 05 期。

（154）刘靖伟：《探寻制浆造纸产业的可持续发展》，《中华纸业》，2016 年第 21 期。

（155）刘巍、田金平、李星、赖玢洁、陈吕军：《基于 DEA 的中国综合类生态工业园生态效率评价方法研究》，《中国人口·资源与环境》，2012 年第 S1 期。

（156）刘巍、田金平、李星、刘婷、陈吕军：《基于数据包络分析的综合类生态工业园区环境绩效研究》，《生态经济》，2012 年第 07 期。

（157）刘尊强、朱永法：《改革开放以来浙江林业产业建设回顾》，《中国林业经济》，2010 年第 04 期。

（158）鲁艳增、王虎：《FDI 对我国林业产业就业贡献的实证分析》，《中南林业调查规划》，2010 年第 02 期。

（159）陆学、陈兴鹏：《循环经济理论研究综述》，《中国人口·资源与环境》，2014 年第 S2 期。

（160）陆学、陈兴鹏：《循环经济理论研究综述》，《中国人口·资源与环境》，2014 年第 S2 期。

（161）陆钟武、王鹤鸣、岳强：《脱钩指数：资源消耗、废物排放与经济增长的定量表达》，《资源科学》，2011 年第 01 期。

（162）罗艳：《基于 DEA 方法的指标选取和环境效率评价研究》，中国科学技术大学，2012 年。

（163）吕斌：《谈新形势下我国人造板产业的发展》，《国家林业局管理干部学院学报》，2015 年第 04 期。

（164）吕建荣：《废纸资源综合利用　振兴湖南造纸产业》，《湖南造纸》，2012 年第 02 期。

（165）吕洁华、张滨、张洪瑞：《基于灰色发展决策的林业产业类型的识别研究——以黑龙江省为例》，《林业经济问题》，2014 年第 03 期。

（166）吕盈：《东北、内蒙古地区林业产业结构优化调整问题研究》，北京林业大学，2013 年。

（167）吕盈：《我国林业产业结构变动的库兹涅茨经验法则分析》，《求索》，2013 年第 07 期。

（168）牛桂敏：《"脱钩"：低碳发展的目标追求——以天津为例》，《天津社会科学》，2013 年第 03 期。

（169）牛苗苗：《中国煤炭产业的生态效率研究》，中国地质大学，2012 年。

（170）潘丹、应瑞瑶：《中国农业生态效率评价方法与实证——基于非期望产出的 SBM 模型分析》，《生态学报》，2013 年第 12 期。

（171）彭波：《林业产业发展与森林资源保护》，《资源节约与环保》，2015 年第 03 期。

（172）彭向刚、向俊杰：《中国三种生态文明建设模式的反思与超越》，《中国人口·资源与环境》，2015 年第 03 期。

（173）钱桂敬：《进入深度调整期的中国纸业要加快转变发展方式和产业升级》，《造纸信息》，2014 年第 05 期。

（174）钱桂敬：《产业变革时代，要加快培育中国造纸装备业竞争优势》，《纸和造纸》，2015 年第 04 期。

（175）钱小瑜：《我国林产工业现状及木材工业发展趋势》，《木材工业》，2009 年第 04 期。

（176）钱小瑜：《调整结构　积极创新　推动我国人造板产业升级》，《林产工业》，2015 年第 03 期。

（177）乔蕻强、陈英：《基于脱钩理论的生态环境与经济增长关系研究》，《土壤通报》，2016 年第 01 期。

（178）秦国伟、卫夏青、田明华：《新常态下安徽林业产业结构非均衡性分析》，《林业经济》，2015 年第 12 期。

（179）秦国伟、卫夏青、田明华：《我国林业产业非均衡发展研究现状与展望》，《世界林业研究》，2016 年第 04 期。

（180）邱晓兰：《环境约束下中国造纸产业全要素生产率分析》，《技术经济与管理研究》，2015 年第 07 期。

（181）邱晓兰、余建辉：《低碳视角下中国造纸产业国际竞争力分析》，《安徽农业大学学报（社会科学版)》，2014 年第 06 期。

（182）邱晓兰、余建辉、戴永务：《低碳视角下中国造纸产业国际竞争力影响因素分析——基于一般化双钻石模型》，《福建论坛（人文社会科学版)》，2015 年第 02 期。

（183）冉陆荣、吕杰：《森林多功能利用的林业产业发展模式选择》，《辽宁林业科技》，2008 年第 01 期。

（184）石峰、揭昌亮、张忠涛：《新常态下林业产业发展面临的形势与挑战》，《林产工业》，2015 年第 02 期。

（185）史小娟：《试论林业产业的发展与林业生态建设的关系》，《林业科技情报》，2012 年第 01 期。

（186）孙璐婧、刘雯雯、张莉莉：《可持续发展下林业产业升级能力概念模型》，《林业经济评论》，2012 年第 00 期。

（187）孙露、耿涌、刘祚希、薛冰、刘哲、刘竹：《基于能值和数据包络分析的城市复合生态系统生态效率评估》，《生态学杂志》，2014 年第 02 期。

（188）孙启宏、白卫南、乔琦：《我国循环经济规划现状与展望》，《环境工程技术学报》，2014 年第 01 期。

（189）孙睿：《Tapio 脱钩指数测算方法的改进及其应用》，《技术经济与管理研究》，2014 年第 08 期。

（190）孙文博、苗泽华、董莉：《基于 DEA 方法的京津冀都市圈生态效率评价》，《商业时代》，2011 年第 04 期。

（191）孙雪、许玉粉：《基于主成分分析法的吉林省林业产业竞争力分析》，《安徽农业科学》，2014 年第 12 期。

（192）谭丽超、单正军、葛峰、汪云岗、徐军：《生态效率综合评价方法研究》，《污染防治技术》，2010 年第 04 期。

（193）唐帅：《中国纸产品对外贸易影响因素和竞争力研究》，北京林业大学，2015 年。

（194）唐帅、宋维明：《中国造纸产业技术效率及对经济增长的影响研究——基于DEA的实证分析》，《工业技术经济》，2013年第11期。

（195）唐帅、宋维明：《FDI、技术溢出与我国造纸产业的技术进步——基于DEA与VAR模型的实证分析》，《经济问题探索》，2014年第02期。

（196）唐帅、宋维明：《技术效率、技术进步与中国造纸产业全要素生产率的提高——基于DEA – Malmquist指数法的实证分析》，《科技管理研究》，2014年第16期。

（197）唐帅、宋维明、程宝栋：《我国人造板产业内贸易与竞争力关系研究——基于格兰杰检验的实证分析》，《林业经济》，2013年第02期。

（198）陶杰：《数据包络分析模型理论改进及其在能源经济中的应用研究》，华北电力大学，2015年。

（199）万志芳、张琦：《黑龙江国有林区林业产业生态系统构建及效能评价》，《林业经济问题》，2015年第04期。

（200）汪东、朱坦：《基于数据包络分析理论的中国区域工业生态效率研究》，《生态经济》，2011年第04期。

（201）汪东、朱坦：《基于数据包络分析理论的中国区域工业生态效率研究》，《生态经济》，2011年第04期。

（202）汪浩：《林业产业集聚与经济增长的关系研究》，《统计与决策》，2011年第03期。

（203）王崇梅、毛荐其：《"脱钩"理论在烟台开发区循环经济发展模式中的应用》，《科技进步与对策》，2010年第02期。

（204）王国印：《论循环经济的本质与政策启示》，《中国软科学》，2012年第01期。

（205）王海刚、陈钢、程旭：《造纸生态工业园的评价指标体系研究》，《工业安全与环保》，2013年第07期。

（206）王海刚、程旭、陈钢：《基于循环经济的我国造纸生态工业园建设探析》，《中华纸业》，2012年第17期。

（207）王海刚、李兴庭、程旭：《我国造纸生态工业园的发展及生态产业链构建》，《纸和造纸》，2014年第01期。

（208）王海刚、周一瑄、邬鹏：《基于循环经济的造纸产业集群发展探析》，《中华纸业》，2011年第13期。

（209）王鹤鸣、岳强、陆钟武：《中国 1998—2008 年资源消耗与经济增长的脱钩分析》，《资源科学》，2011 年第 09 期。

（210）王洪海、刘青芳：《西宁市林业产业发展现状与对策分析》，《林产工业》，2015 年第 11 期。

（211）王佳丽、黄贤金、郑泽庆：《区域规划土地利用结构的相对碳效率评价》，《农业工程学报》，2010 年第 07 期。

（212）王鲲鹏、何丹：《山西省经济增长与能源消耗动态分析——基于脱钩理论》，《现代商贸工业》，2014 年第 04 期。

（213）王齐：《环境管制促进技术创新及产业升级的问题研究》，山东大学，2005 年。

（214）王钦池：《人口转变、劳动成本与产业分工——1961—2012 年全球纸业格局演变分析》，《中华纸业》，2013 年第 23 期。

（215）王锐、任庆忠：《基于改进后数据包络模型的省际环境效率评价》，《管理现代化》，2015 年第 02 期。

（216）王涛、韦书远、聂荣胜、杨天平：《广西国有黄冕林场林业产业发展现状、存在问题及对策建议》，《安徽农学通报》，2015 年第 17 期。

（217）王喜梅、张昌蓉：《基于数据包络分析的生态工业园区发展效率测度研究》，《金融经济》，2014 年第 06 期。

（218）王雪梅：《环境保护对我国造纸产业国际竞争力影响的研究》，北京林业大学，2008 年。

（219）王妍、卢琦、褚建民：《生态效率研究进展与展望》，《世界林业研究》，2009 年第 05 期。

（220）王燕、谢蕊蕊：《能源环境约束下中国区域工业效率分析》，《中国人口·资源与环境》，2012 年第 05 期。

（221）王义琛、王远、朱晓东、吴小庆、王珂、任克秀、陆根法：《安徽省铜陵市生态效率变化及其驱动因素》，《应用生态学报》，2011 年第 02 期。

（222）王玉涛：《循环经济视野下的生态环境政策研究与案例分析》，山东大学，2011 年。

（223）王震、刘伟平、翁凝：《南方集体林区林业产业发展水平综合评价与分析》，《林业经济问题》，2015 年第 01 期。

（224）魏海涛、刘玲：《基于数据包络分析方法的城市生态效率研究》，《区域经济评论》，2016 年第 04 期。

（225）温健：《黑龙江省国有林区林业产业竞争力提升的探讨》，《中国林业经济》，2014 年第 03 期。

（226）吴国荣：《江苏造纸以产业结构调整促进发展》，《中国包装》，2005 年第 06 期。

（227）吴琨、杨晓春、吴晓妹、杨红强：《中国三板产业的区域分布及存在问题分析》，《林业经济》，2011 年第 07 期。

（228）吴南、鹿永华、王萍萍：《山东省林业产业发展现状与对策研究》，《林业经济》，2014 年第 06 期。

（229）伍国勇、段豫川：《论超循环经济——兼论生态经济、循环经济、低碳经济、绿色经济的异同》，《农业现代化研究》，2014 年第 01 期。

（230）夏勇、钟茂初：《经济发展与环境污染脱钩理论及 EKC 假说的关系——兼论中国地级城市的脱钩划分》，《中国人口·资源与环境》，2016 年第 10 期。

（231）肖敏静、赵璟：《低碳经济视角下江西林业产业结构与林业经济增长的实证分析》，《中国林业经济》，2010 年第 05 期。

（232）肖小兵：《我国人造板产业发展现状》，《木材工业》，2016 年第 02 期。

（233）辛姝玉、张大红：《低碳经济背景下北京市林业产业结构及竞争力研究》，《林业经济问题》，2014 年第 04 期。

（234）熊少华、杨红伟：《浅议我国造纸企业的产业链拓展和竞争优势重塑》，《纸和造纸》，2013 年第 12 期。

（235）徐搏：《我国林业产业发展现状及其对策》，《吉林农业》，2012 年第 01 期。

（236）徐莉萍、戴薇：《企业生态效率及其影响因素的实证检验——基于 DEA - Tobit 两步法的分析》，《财会月刊》，2016 年第 24 期。

（237）徐若霖、程宝栋：《基于灰色关联度的我国林业产业结构优化调整分析》，《林业经济》，2014 年第 12 期。

（238）杨斌：《2000—2006 年中国区域生态效率研究——基于 DEA 方法的实证分析》，《经济地理》，2009 年第 07 期。

（239）杨俊、邵汉华：《环境约束下的中国工业增长状况研究——基于 Malmquist - Luenberger 指数的实证分析》，《数量经济技术经济研究》，2009 年第 09 期。

（240）姚惠芳、张智光：《中国造纸工业循环经济模式的优化研究》，《中华纸业》，2009 年第 04 期。

（241）姚玉玲、贾科利、王金凤、方晟：《基于 DEA 模型的县域生态效率空间分析——以宁夏回族自治区为例》，《信阳师范学院学报（自然科学版)》，2012 年第 03 期。

（242）由佳、段新芳、赵庆超、郑汝志：《我国省域人造板产业竞争力的分析比较》，《木材工业》，2015 年第 02 期。

（243）游和远、吴次芳、林宁、沈萍：《基于数据包络分析的土地利用生态效率评价》，《农业工程学报》，2011 年第 03 期。

（244）余吉安、聂森、江生生：《中国林业产业的基本任务及顶层设计研究》，《生态经济》，2015 年第 05 期。

（245）张爱美：《吉林省林业产业发展及产业结构调整研究》，北京林业大学，2008 年。

（246）张朝辉：《东北国有林区林业产业生态位演化研究》，东北林业大学，2014 年。

（247）张广来、李璐、廖文梅：《基于主成分分析法的中国林业产业竞争力水平评价》，《浙江农林大学学报》，2016 年第 06 期。

（248）张广来、罗鹏、廖文梅：《南方集体林区林业产业结构变化规律及其驱动机制研究》，《林业经济》，2015 年第 08 期。

（249）张宏武：《生态文明建设视角下的天津生态效率评价——基于脱钩理论的分析》，《天津商业大学学报》，2014 年第 05 期。

（250）张洪生：《林业生态建设的现状、存在问题及林业产业与林业生态建设的关系》，《黑龙江科技信息》，2008 年第 34 期。

（251）张欢、成金华、陈军、倪琳：《中国省域生态文明建设差异分析》，《中国人口·资源与环境》，2014 年第 06 期。

（252）张琦、万志芳：《黑龙江省国有林区林业产业转型模式的构建》，《东北林业大学学报》，2016 年第 04 期。

（253）张世杰、何北海、赵丽红：《低碳经济发展中的造纸产业节能减排研究初探》，《造纸科学与技术》，2010 年第 06 期。

（254）张文彬、李国平：《中国区域经济增长及可持续性研究——基于脱钩指数分析》，《经济地理》，2015 年第 11 期。

（255）张小标、杨红强：《基于全球均衡市场的中国人造板产业动态演化》，《林业经济》，2015 年第 01 期。

（256）张燕：《基于发展环境及影响因素的产业发展动因浅析——以秸秆人造板产业为例》，《中国农学通报》，2010 年第 13 期。

（257）张月红、刘杉、张洁、梁亚男、高海建、陈雪、孙国浩、张杪、杨红琛、张维维：《天津林业产业现状、存在问题及发展对策》，《天津农业科学》，2015 年第 12 期。

（258）张占贞、王兆君：《东北国有林区林业产业集聚水平实证研究》，《林业科学》，2011 年第 05 期。

（259）张占贞、王兆君：《林业产业集群生态系统结构及平衡条件分析》，《安徽农业科学》，2012 年第 18 期。

（260）张子龙、薛冰、陈兴鹏、李勇进：《中国工业环境效率及其空间差异的收敛性》，《中国人口·资源与环境》，2015 年第 02 期。

（261）赵丹：《中国林业产业的集聚水平》，《贵州农业科学》，2015 年第 08 期。

（262）赵定涛、张之、范进：《中国经济发展与产业用地脱钩指数影响因素分析——基于 LMDI 模型的实证研究》，《管理现代化》，2015 年第 03 期。

（263）赵景柱：《关于生态文明建设与评价的理论思考》，《生态学报》，2013 年第 15 期。

（264）赵庆超、段新芳、由佳、李扬：《基于钻石模型的山东省人造板产业竞争力研究》，《中国人造板》，2014 年第 01 期。

（265）赵伟：《造纸产业必须重塑新优势实现新平衡》，《中华纸业》，2015 年第 01 期。

（266）赵晓波：《中国全要素土地利用效率计量分析》，辽宁大学，2013 年。

（267）郑明亮、肖平：《基于主成分分析的区域人造板产业竞争力评价》，《林业经济问题》，2009 年第 02 期。

（268）郑松青、余建辉：《金融危机后造纸产业技术创新效率变动实证研究——基于 DEA - Malmquist 指数法》，《林业经济问题》，2012 年第 04 期。

（269）郑晓波：《试论我国人造板产业发展的现状及方向》，《农村实用科技信息》，2013 年第 08 期。

（270）郑宇梅、尹少华：《林业产业生态效率实证研究——基于 15 个省的面板数据分析》，《林业经济》，2016 年第 11 期。

（271）中华纸业：《中国清洁生产发展及其在制浆造纸行业实施回顾》，《中华纸业》，2013 年第 01 期。

（272）周古鹏：《四川林业产业发展现状、问题与对策》，《四川林业科技》，2006 年第 01 期。

（273）周国梅、任勇、陈燕平：《发展循环经济的国际经验和对我国的启示》，《中国人口·资源与环境》，2005 年第 04 期。

（274）周雄志：《我国人造板产业发展战略研究》，北京林业大学，2011 年。

（275）周玉申：《广东省林业产业发展规划（2008—2020）综述》，《木材加工机械》，2010 年第 01 期。

（276）朱卫平、陈林：《产业升级的内涵与模式研究——以广东产业升级为例》，《经济学家》，2011 年第 02 期。

（277）朱旭森：《基于 DEA 的土地利用经济效率和生态效率评价——以西南地区为例》，《重庆师范大学学报（自然科学版）》，2016 年第 04 期。

（278）诸大建：《深入理解生态文明的制度建设》，《理论学习》，2014 年第 02 期。

（279）诸大建、黄晓芬：《循环经济的对象—主体—政策模型研究》，《南开学报》，2005 年第 04 期。

（280）诸大建、邱寿丰：《生态效率是循环经济的合适测度》，《中国人口·资源与环境》，2006 年第 05 期。

（281）诸大建、朱远：《生态文明背景下循环经济理论的深化研究》，《中国科学院院刊》，2013 年第 02 期。